"新时代汉语"系列教材

朱勇 主编
鲁文霞 张京京 桂靖 来静青 编著

新时代汉语口语

准高级·上

New Era
Spoken Chinese Series
Pre-advanced Level · I

外语教学与研究出版社
北京

图书在版编目 (CIP) 数据

新时代汉语口语. 准高级. 上 / 鲁文霞等编著. —— 北京：外语教学与研究出版社，2021.10
"新时代汉语"系列教材 / 朱勇主编
ISBN 978-7-5213-3115-8

Ⅰ. ①新… Ⅱ. ①鲁… Ⅲ. ①汉语－口语－对外汉语教学－教材 Ⅳ. ①H195.4

中国版本图书馆 CIP 数据核字 (2021) 第 205591 号

出 版 人　王　芳
项目策划　鞠　慧　向凤菲
责任编辑　杨　益
责任校对　张楚玥
装帧设计　水长流文化
出版发行　外语教学与研究出版社
社　　址　北京市西三环北路 19 号（100089）
网　　址　http://www.fltrp.com
印　　刷　河北文扬印刷有限公司
开　　本　889×1194　1/16
印　　张　12.5
版　　次　2022 年 10 月第 1 版　2022 年 10 月第 1 次印刷
书　　号　ISBN 978-7-5213-3115-8
定　　价　79.00 元

购书咨询：(010) 88819926　电子邮箱：club@fltrp.com
外研书店：https://waiyants.tmall.com
凡印刷、装订质量问题，请联系我社印制部
联系电话：(010) 61207896　电子邮箱：zhijian@fltrp.com
凡侵权、盗版书籍线索，请联系我社法律事务部
举报电话：(010) 88817519　电子邮箱：banquan@fltrp.com
物料号：331150001

"新时代汉语口语"系列

顾　问： 文秋芳　张晓慧

主　编： 朱　勇

策　划： 鞠　慧　向凤菲

编写委员会：（按姓氏音序排列）

白　雪　陈　慧　陈　宣　桂　靖　季　薇

来静青　林　琪　鲁文霞　万玉波　许　诺

薛　珊　张海英　张京京

编辑委员会：（按姓氏音序排列）

鞠　慧　刘雪梅　谭紫格　向凤菲

杨　益　张楚玥

编写说明

一 编写背景

根据《光明日报》的报道，截至 2020 年底，世界上已有 70 多个国家将汉语纳入国民教育体系，180 多个国家开设汉语课程或汉语专业，累计学习和使用汉语的人数近 2 亿。但是，目前国际汉语教材还不能完全满足"汉语热"的需求，很多国际汉语教育工作者正在为解决该问题而努力，本系列教材也是努力成果之一。本系列教材的指导理论为"产出导向法"（production-oriented approach，下文简称 POA）。POA 是北京外国语大学文秋芳教授领衔的中国外语与教育研究中心团队经过十多年打磨构建的语言教学理论与实践体系。传统的语言教学方法强调听、读领先，在完成语言输入以后再让学生说、写、译，教师的任务主要集中在语言输入阶段。POA 做了一个调整，先从产出开始（驱动环节），然后再让学生接受输入（促成环节），最后再产出（评价环节）。始于输出，终于输出，输入要促成输出，而不是为输入而输入。POA 作为一种中国原创的教学方法，目的在于解决语言学习中的学用分离问题，帮助学生更好地成段表达。英语教育界的实践证明，POA 理据明确，教学过程操作性强，是一种行之有效的语言教学方法。

他山之石可以攻玉。虽然汉语教学界一直强调"学以致用""急用先学"，但是长期以来重知识传授、轻语言使用的现象仍然普遍存在。学用分离导致"学过的不少，学会的不多"，学习效率不高。进入 21 世纪，海内外汉语学习者的数量快速增长，但是汉语学习者大都集中在初级阶段，能用汉语进行高端贸易或学术交流的非常少。学界一直在努力探索让学习者突破中高级语言学习瓶颈期的有效途径。从 2017 年春天开始，我们北京外国语大学中国语言文学学院国际汉语教师团队在文秋芳教授的指导下，从教材、教法角度就 POA 的应用开展了多轮次的产出导向型汉语教学实验与理论探讨。从教学实验结果来看，我们认为 POA 确实能够系统地解决学用分离和篇章表达能力薄弱的问题，从根本上提高汉语教学的效率。因此，从 2019 年春天开始，团队成员着手编写"新时代汉语口语"系列教材，初稿完成后进行平行班教学实验，边实验边修改，以确保教材好学好用。我们努力做到本系列教材的编写过程科学、严谨，希望出版后的教材对教师是友好的，对学生是有效的，经得起市场和时间的检验。

二 教材体系

本系列教材分为 4 级，初级、中级、准高级、高级各 2 册，共 8 册，能够满足学历生本科阶段的学习和语言生初级以上阶段的学习。

教材	适用对象	已有HSK水平	词汇量
初级（上）	预科生	HSK2级	>350
初级（下）	本科一年级（上）	HSK4级	>1200
中级（上）	本科一年级（下）	HSK4—5级	>2000
中级（下）	本科二年级（上）	HSK5级	>2500
准高级（上）	本科二年级（下）	HSK5—6级	>3500
准高级（下）	本科三年级（上）	HSK5—6级	>4500
高级（上）	本科三年级（下）	HSK6级	>5500
高级（下）	本科四年级（上）	HSK6级	>7000

三 编写团队

　　本系列教材的编者主要来自北京外国语大学中国语言文学学院。同时，团队也吸纳了海内外多所高校的一线教师共同参与教材编写。参与编写的教师均具有丰富的汉语教学经验（教龄均达到6年以上，半数具有20年及以上教龄），所有教师均有海外（美国、德国、法国、意大利、匈牙利、比利时、日本、韩国等）汉语教学经历。

　　团队成员背景多样。首先，成员专业背景多样，尤其是本科教育背景包括中文、历史、哲学、日语、朝鲜语等。其次，年龄层次多样，"70后"为主体，也有"60后""80后""90后"教师。再次，教学、管理经历多样，有的主要从事学历教育，有的主要从事非学历教育，不少教师还承担了留学生教育管理工作。团队成员背景的多样性可使教材编写的视野更加开阔，这是编写一套好教材的重要保证。

　　北京外国语大学中国语言文学学院具有成熟的留学生教育培养体系。本科留学生教育始于1992年，已形成了成熟的教学模式与课程体系，设置了汉语、经贸、汉语教育、汉外翻译等多个专业方向，迄今已经培养了3000多名留学生本科毕业生。语言进修生的培养时间更长，几乎与共和国同龄。学院还多次承办美国宾夕法尼亚大学沃顿商学院、德国DAAD商务汉语、意大利罗马大学、中国—欧盟青年经理等汉语培训项目，项目教学类型丰富，教学体系完备。团队成员从中获益良多，他们专业功底扎实，教学经验丰富，教学方法灵活先进。

四 编写理念与特色

　　本系列教材以系统的理论为指导，编写过程力求科学。教材的编写基于POA理论。"驱动"部分通过设置具有潜在交际价值的话题和真实情境激发学生的表达欲望，同时引导师生共同明确教学目标；"促成—对话"和"促成—拓展"部分从语言形式、话题内容和篇章结构三个维度为学生设计有针对性的输入和操练，提供了比较友好的产出支架。在此基础上，"产出"部分给学生提供几个可供选择的产出任务，通过让学生完成任务来促进产出目标达成，并检验、评价目标达成情况。

本系列教材具有以下特色：

1. 话题选择科学严谨，学生需求与专家干预相结合。教材话题的选择过程是：先集思广益，通过已有研究、相关教材等收集各类适合口语产出的话题，继而通过调查问卷的方式，同时在留学生和一线教师中调查，了解学生的兴趣以及教师的意见，综合师生的意见后经专家教师、教材编写团队集体商讨，最终确定所选话题。

2. 编排循序渐进，产出目标明确。本系列教材不仅每课内部具有"引导产出""支架建构"的特征，每课之间也具有内部关联的特点。前边的课程在话题内容和语言储备上与后边的课程具有一定的关联度，通过这种科学的编排实现语言的复现和相关话题的深入与拓展。教材产出目标明确，学用无缝对接。练习以引导学生产出为目标进行设计，有的放矢。无论是核心词语还是课文内容，在练习中都会不断复现。同时，练习的编排注重循序渐进，使学生通过由易到难的操练过程，实现从初步理解到准确使用，达到学与用的无缝对接。

3. 多轮次教学实验检验，可操作性强。教材初稿完成后，编写团队在学历生、非学历生的多个班级进行了短期、长期多轮次教学实验，并结合教学效果和师生感受，对教材进行了多次修改和精心打磨，以确保教材好用、实用。

五 致谢

衷心感谢文秋芳、张晓慧两位顾问。文老师是 POA 理论的主要提出者，几年来一直对我们团队的教材编写、教学实验、论文写作给予全方位的指导和帮助，指导中常常一针见血，让我们不断"顿悟"。张老师则始终给予我们热情的鼓励和鞭策，在教材编写的各个关头都高屋建瓴地给出了建设性的意见和建议。

衷心感谢北京语言大学刘珣教授、崔永华教授，北京大学王若江教授、赵杨教授、钱旭菁教授，北京师范大学朱志平教授，中央民族大学田艳副教授和华东师范大学刘弘博士等老师。他们在项目启动之初对我们的先导研究给予了充分的肯定，给团队提出的具体意见为我们指明了方向。

感谢作者团队全体成员，尤其是桂靖、鲁文霞等老师，大家一起经历了数个酷暑寒冬，刻苦钻研理论，认真试用教材，不断改进思路、追求卓越；感谢陈慧副教授等同事，他们或无私地为稿件提出宝贵的意见和建议，或协助开展教学实验，对我们提高教材质量起到了非常积极的作用。

感谢合作伙伴——外语教学与研究出版社，感谢以鞠慧老师、向凤菲老师、杨益老师等为代表的编辑团队，他们专业、高效，教材能够这么快问世离不开他们的付出和努力。

感谢北京外国语大学中国语言文学学院的研究生们，他们是王英英、傅小娱、朱胜男、姚羽燕、冯雪莹、李琳依等。在教学实验、反思日志转写、文字排版等方面他们都付出很多，在此一并致谢！

朱勇

2022 年 4 月 26 日于北京

使用说明

一 适用对象

本册教材是"新时代汉语口语"系列的第 5 个分册，主要适用于来华接受中文本科教育的二年级第二学期的外国留学生、HSK5—6 级水平的准高级语言进修生，同时也适用于其他准高级汉语水平学习者。

二 教学目标

在扩充词汇的同时，帮助学生突破中高级阶段口语表达的瓶颈，对各类现实问题进行有逻辑、有层次的成段表达。本教材的练习要求学生尽量使用当课学过的词语和表达结构等，促成学以致用，实现有效产出。

三 教材结构

本教材教学流程的设计主要基于产出导向法理念，每课分为"i PREPARE""i EXPLORE"和"i PRODUCE"三大部分，分别对应产出导向法的驱动环节、促成环节和评价环节。每课共设置"驱动""促成""产出""评价"四个模块，其中"促成"模块又分为"对话"和"拓展"两个子模块。

驱动。包括三个环节：首先通过生动的图片信息、视频资料、网络新闻等，为学生设置真实的交际场景，以唤起学生的表达欲望（视频在本书资源包中，可扫描书后二维码，在"外研社汉语教学资源网"上获取）；其后的"牛刀小试"旨在引导学生通过初次尝试产出任务，发现自身在语言形式、内容观点等方面的不足，激发其学习动机；最后，"学习目标"为师生指明当课教学的预期目标。

促成—对话。包括对话课文及相关语言练习。核心词语练习呈阶梯状设计：词语理解→短语搭配→整句产出→成段表达。对话课文练习遵循"内容理解→梳理总结→完整表达"的渐进性原则，同时配以结构图，引导学生有逻辑地产出相关内容，充分而准确地使用核心词语，实现学以致用。

促成—拓展。通过头脑风暴、看图说话、采访录音、文章阅读、文化对比等多种形式和角度的输入和产出练习，促进话题的拓展和深入，在保证学生学以致用、有序产出的同时，满足学生表达的自由度和开放度。

产出。包括"任务支持"和"任务选择"两部分。"任务支持"根据学生的表达需要将当课核心词语归类梳理加以呈现;"任务选择"结合当课内容提供多个成段表达任务,供教学中选择使用。

评价。内容为学生的自我评价,以多种形式呈现,引导学生对任务完成质量进行多方面的评价。进行自我评价有利于学生对自己已经学会和掌握的内容进行反思和总结,增加成就感和学习兴趣帮助学生自我认识、自我完善。

四 话题特色

本教材共 12 课,即 12 个教学单元。每课的话题均为学生兴趣度较高的话题,既包括对个人的消费观念、隐私观念等的表述,也涵盖对婚恋、健康、网络、经济等社会问题的探讨,同时还涉及对时代科技发展所带来的利弊的审视。从个人态度透视国民文化,从具体现象折射社会发展,为学生提供多层次、多角度的口语输出可能。

五 使用建议

1. **理解编写理念,熟悉教材思路**。本系列教材的编写秉承 POA 教学理念,因此使用者需要总体上了解 POA 理论及其基本内涵,以便宏观掌控,把握教学方向。

2. **树立支架意识,助力学生产出**。产出导向型教材从语言、内容、结构三个维度为学生建构产出支架,因此在组织和安排练习时,教师需要有搭建支架的意识,辅助学生回顾、梳理已有信息,引导学生向更深、更广的表达拓展。

3. **因材施教,自主安排**。本教材有配套的课件资源(扫描书后二维码获取)。课件对教材中的生词有进一步的处理,也有跟教材不同的结构图供师生选择。在"产出"部分,教师可依据教学对象情况,选择合适的任务组织安排。

六 课时安排

建议每课用 8—10 课时完成,一个学期完成一本书。前 4 个课时完成"驱动"和"促成—对话"部分,后 4—6 课时完成"促成—拓展""产出"及"评价"部分。

教材主要人物

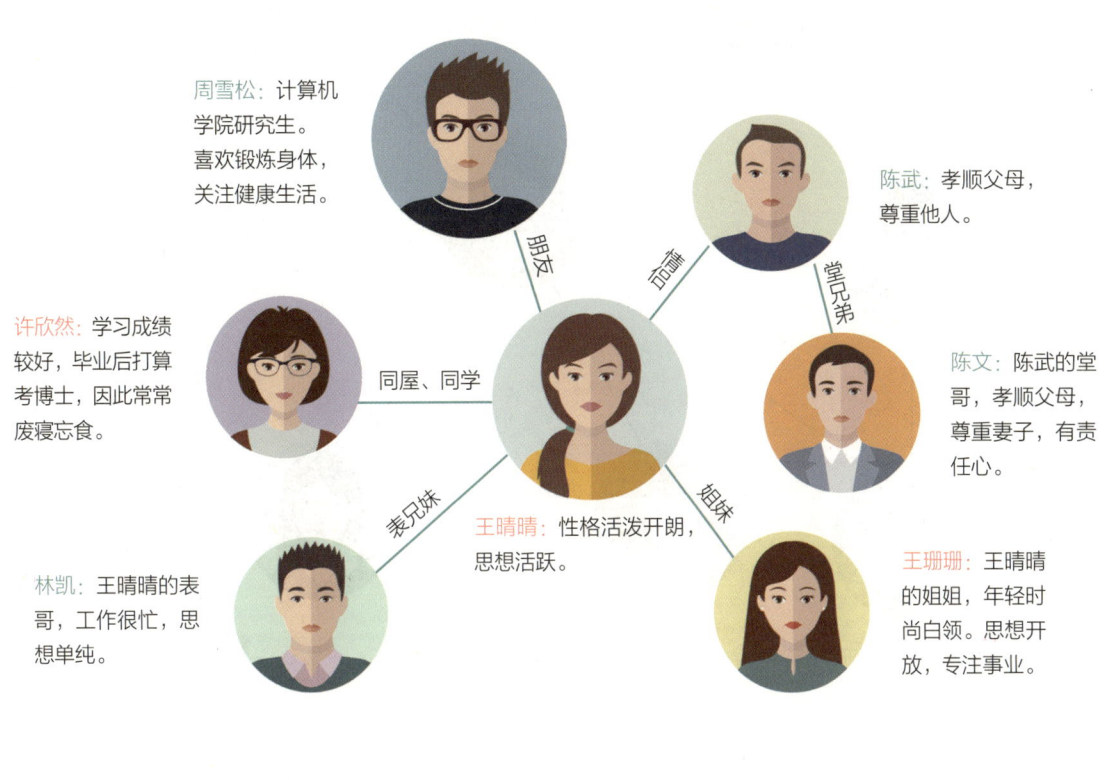

周雪松：计算机学院研究生。喜欢锻炼身体，关注健康生活。

陈武：孝顺父母，尊重他人。

许欣然：学习成绩较好，毕业后打算考博士，因此常常废寝忘食。

陈文：陈武的堂哥，孝顺父母，尊重妻子，有责任心。

林凯：王晴晴的表哥，工作很忙，思想单纯。

王晴晴：性格活泼开朗，思想活跃。

王珊珊：王晴晴的姐姐，年轻时尚白领。思想开放，专注事业。

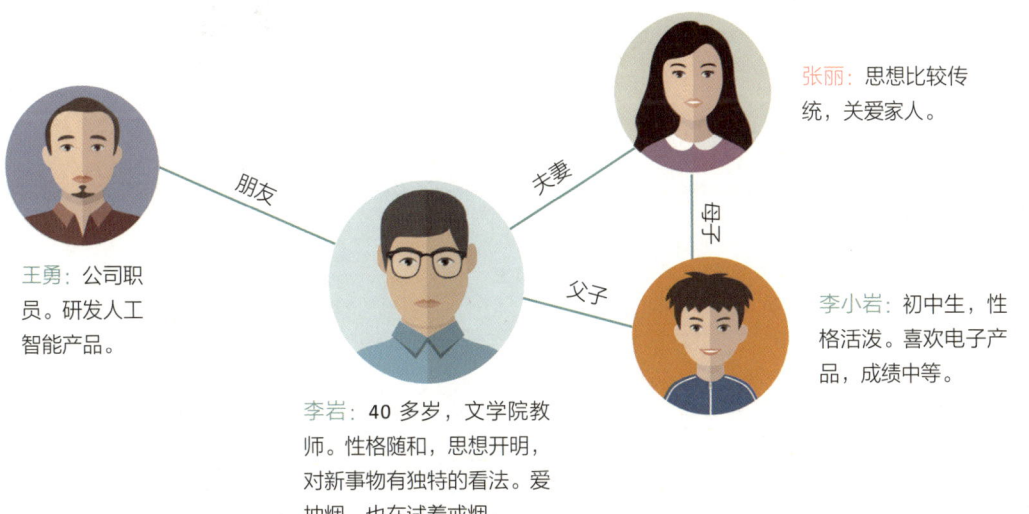

张丽：思想比较传统，关爱家人。

王勇：公司职员。研发人工智能产品。

李小岩：初中生，性格活泼。喜欢电子产品，成绩中等。

李岩：40多岁，文学院教师。性格随和，思想开明，对新事物有独特的看法。爱抽烟，也在试着戒烟。

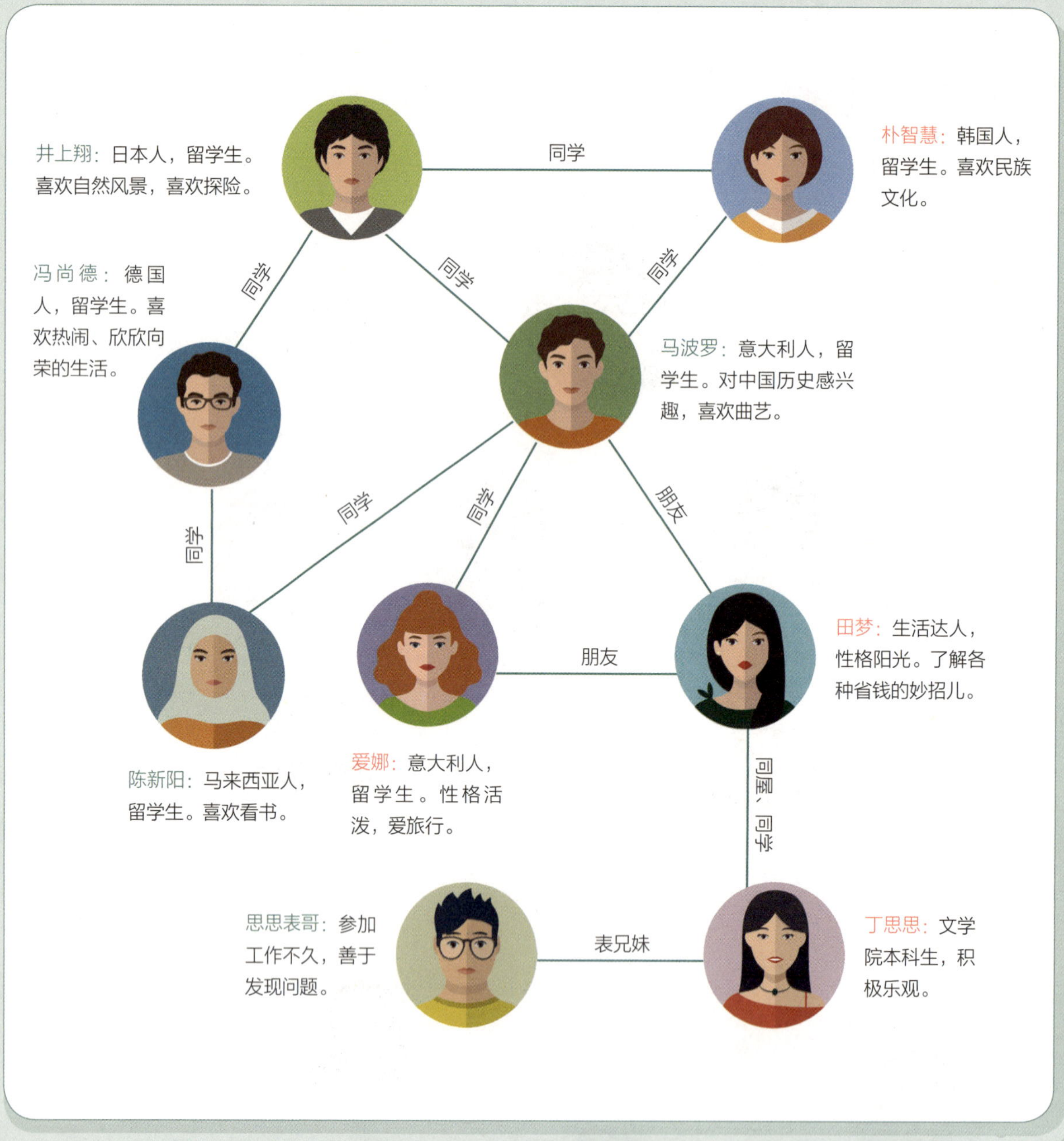

井上翔：日本人，留学生。喜欢自然风景，喜欢探险。

朴智慧：韩国人，留学生。喜欢民族文化。

冯尚德：德国人，留学生。喜欢热闹、欣欣向荣的生活。

马波罗：意大利人，留学生。对中国历史感兴趣，喜欢曲艺。

田梦：生活达人，性格阳光。了解各种省钱的妙招儿。

陈新阳：马来西亚人，留学生。喜欢看书。

爱娜：意大利人，留学生。性格活泼，爱旅行。

思思表哥：参加工作不久，善于发现问题。

丁思思：文学院本科生，积极乐观。

同学　同学　同学　同学　同学　同学　同学　朋友　朋友　同屋/同学　表兄妹

目录

第 1 课　　友谊的小船要远行 / 1

第 2 课　　我想去旅游 / 13

第 3 课　　话说"相亲" / 27

第 4 课　　生，还是不生？/ 39

第 5 课　　宠物大家谈 / 57

第 6 课　　健康最重要 / 71

第 7 课　　今天你晒了没有？/ 85

第 8 课　　闲话说"瘾" / 101

第 9 课　　共享的生活 / 113

第 10 课　人工智能改变生活 / 127

第 11 课　卡主还是卡奴？/ 141

第 12 课　夜经济，夜生活 / 157

附录一　　录音文本 / 171
附录二　　词语总表 / 182

第1课 >>
友谊的小船要远行

i PREPARE

>> 驱动

你的朋友给你带来过麻烦吗?如果有,你是怎么做的?请看一个网上的求助帖。

面对这样的朋友,我该怎么办?

我有个好朋友。她人挺好的,但是有两点真让人受不了。
1. 只要一听说我要出国,她就请我从国外帮她带东西。化妆品啦,包啦,经常搞得我行李超重。一次两次就算了,可她每次都这样,搞得我很烦。
2. 她喜欢跟我借钱。她不仅自己有急事跟我借,而且有时候她的朋友有急事,她也跟我借。可是我有义务借钱给她的朋友吗?有时候,她上一笔钱还没有还,就又要跟我借下一笔。

大家说说,面对这样的朋友,我该怎么办呢?

03-14 20:25 回复

牛刀小试

A 双人活动

两人一组讨论,说一说:遇到下面这些情况,你会怎么处理?把关键词填写在下表中。

朋友这样做	你会怎么处理
常常要求你在出国时帮他/她带东西	
常常跟你借钱	

B 结果展示

以小组为单位,把讨论的结果向全班简要汇报。

学习目标

通过本课的学习,你将能够:

1. 理解和使用有关"与朋友相处"的词语。
2. 分析与朋友相处应该做什么、不应该做什么,并提出建议。
3. 对比不同国家文化中的友谊观。

i EXPLORE

❯❯ 促成一对话

词语表 🔊 1-1

1	背	bèi	动	（做事）不让别人知道。背着朋友谈恋爱
2	炫耀	xuànyào	动	故意让别人看到自己好的一面，让别人羡慕自己。向别人炫耀；炫耀自己的成绩
3	刺激	cìjī	动	使人激动，让人心情不愉快。刺激别人；受刺激
4	闹	nào	动	发生（不好的事）。闹矛盾；闹笑话
5	动不动	dòngbudòng	副	很容易产生某种行为或情况（多指不希望发生的）。动不动就生气；动不动就发火
6	出气筒	chūqìtǒng	名	一个人生气时通过向别人发火来缓解不好的情绪，这种情况下对方被称为这个人的"出气筒"。把……当"出气筒"
7	亲密	qīnmì	形	感情好，关系密切。亲密的朋友；关系亲密
8	随心所欲	suíxīnsuǒyù		一切都按照自己的想法，想怎么做就怎么做。
9	自私	zìsī	形	只关心自己的利益，不管别人。行为自私
10	友谊的小船说翻就翻	yǒuyì de xiǎo chuán shuō fān jiù fān		网络流行语，意思是友谊不长久，说变就变。
11	伤	shāng	动	使身体、感情等受到损害。伤感情；说话伤人
12	相处	xiāngchǔ	动	彼此来往，互相对待。和……相处；和睦相处
13	亲密无间	qīnmì wújiàn		形容关系特别好，没有距离。
14	君子之交淡如水	jūnzǐ zhī jiāo dàn rú shuǐ		出自《庄子·山木》。庄子是中国战国时期道家学派的代表人物。君子：有修养、品德高尚的人。有修养的人在交往时，他们的友谊平淡如水，不过于亲密。
15	保持	bǎochí	动	使（原来的样子）继续存在，使不消失或减弱。保持安静；保持距离
16	距离产生美	jùlí chǎnshēng měi		人们在看东西的时候，要保持一定的距离。保持一定的距离，才会产生美的效果。

第 1 课　友谊的小船要远行

A 听录音，用简单的话回答问题。 🔊 1-2

1. 周雪松同屋的情绪出现了什么问题？为什么？
2. 周雪松的同屋为什么觉得自己可以跟周雪松发火？
3. 什么事情使周雪松觉得特别为难？
4. 王晴晴怎么看周雪松跟同屋之间的关系？

B 朗读对话，注意语音语调。 🔊 1-2

（王晴晴和周雪松走在校园里。）

王晴晴：雪松，你看起来不太高兴，有什么心事吗？

周雪松：别提了。我同屋自从交了个女朋友，就变得一会儿"晴"，一会儿"雨"的，真招人烦！

王晴晴：你同屋有女朋友了？好事啊！他倒真拿你当朋友，谈恋爱也不背着你。说说，他怎么招你烦了？

周雪松：他谈恋爱的时候，高兴和不高兴都写在脸上。他的脸就是个"晴雨表"，要是跟女朋友约会开心了，他回到宿舍就开始跟我炫耀，说他们有多相爱，他有多幸福！这时，那张脸就是个万里无云的"大晴天"。

王晴晴：哈哈，对你这种还没有女朋友的人来说，他这样多刺激你啊！那他什么时候"阴天下雨"呢？

周雪松：他如果跟女朋友闹矛盾了，回到宿舍就开始"刮风""下雨"，动不动就发火。这时候我又成了他的"出气筒"，挺烦人的！

王晴晴：那事后他会道歉吗？

周雪松：每次生完气、发完火，见我不高兴，他又跟我解释："兄弟，正因为咱俩是最亲密的哥们儿，我把你当自己人，才这样的。对不住了，别生气啊！"

王晴晴：想不生气也难，虽说是朋友，可是他也太随心所欲了！这么做有点儿自私了。

周雪松：是的，为了让女朋友高兴，他还常常给女朋友买礼物。可是，买礼物需要钱啊。有时候钱不够了，他就跟我借。借给他吧，我一个穷学生哪有那么多钱？不借吧，很可能"友谊的小船说翻就翻"了，不太好办。

王晴晴：经常跟朋友借钱可不是什么好习惯。如果他的要求不合理，你就应该拒绝。

周雪松：我们是朋友，拒绝吧，说不出口，怕伤了朋友之间的感情；不拒绝吧，又感觉跟他相处太累。

王晴晴：你知道问题出在哪儿吗？就因为你俩之间没有距离，亲密无间，好得像一个人似的。这样一来，他做事就很随便，容易伤到你。

周雪松

朋友之间不是越亲近越好吗？如果有距离，还能算好朋友吗？

王晴晴

你没听说过那句话吗？"君子之交淡如水"，君子之间不用那么亲密，要保持一定的距离，这样相处起来才轻松。

周雪松

嗯，这句话还真是很有道理！大家自己的学习和工作就够忙的，已经很不容易了。如果朋友之间的关系不轻松，人活得就更累了。看来我确实得注意跟他保持距离了。

王晴晴

当然了！人们常说"距离产生美"，说的就是距离的重要性，其实朋友之间相处也是一样的道理。

C 词语练习。

背　亲密　自私　相处　保持

1. 一般来说，朋友之间可以十分＿＿＿＿，但是在＿＿＿＿的时候，最好也要＿＿＿＿一定的距离。比如说，即使自己心情不好，也不要冲朋友发火，因为这样有点儿＿＿＿＿。再比如，不是所有的秘密都需要告诉好朋友，必要的时候有些事也可以＿＿＿＿着他/她。

闹　动不动　出气筒　伤　随心所欲

2. 无论和多好的朋友相处，都难免会＿＿＿＿矛盾。有矛盾时要控制自己，不要＿＿＿＿就发脾气。因为朋友不是你的"＿＿＿＿"，总是冲朋友发火，一定会＿＿＿＿了朋友之间的感情。朋友之间关系好，并不意味着说话、做事可以＿＿＿＿，这一点应该特别注意。

炫耀　刺激　亲密无间

3. 有些人的做法很招人讨厌。比如说，故意向朋友＿＿＿＿自己的幸福生活。如果朋友的生活不顺心，这就等于在＿＿＿＿朋友。再比如说，没有什么合理的理由，却经常向朋友借钱，朋友又不好意思拒绝，就会很为难。虽说朋友之间可以＿＿＿＿，但如果你有上面所说的这些毛病，也最好改掉，否则你就会慢慢变得没朋友。

D 根据对话内容回答下列问题，注意加点词语的用法。

1. 同屋谈恋爱背着周雪松了吗？
2. 为什么同屋炫耀自己恋爱的幸福会刺激周雪松？
3. 周雪松什么时候会变成同屋的"出气筒"？为什么说同屋这么做有点儿自私？
4. 面对亲密的朋友，我们可以随心所欲吗？
5. 你觉得跟周雪松同屋这样的朋友相处会很累吗？
6. 有人说朋友之间应该亲密无间，对于这个观点，你怎么看？
7. "君子之交淡如水"说的是什么样的人之间的友谊？
8. 什么叫"距离产生美"？

E 两人一组，用指定的词语回答问题。

1. 同屋谈恋爱，对周雪松有什么影响？（炫耀，刺激，出气筒）

> 向……炫耀；得意地炫耀；炫耀自己的幸福
> 刺激朋友；受刺激；对……刺激很大
> 成了（……的）"出气筒"；把……当成"出气筒"

2. 什么事让周雪松不知该怎么办？（动不动，亲密，伤）

> 动不动就发火；动不动就借钱；动不动就吵架
> 亲密的朋友；关系亲密；两个人之间十分亲密
> 伤感情；伤了两个人的友谊

3. 周雪松为什么觉得跟同屋在一起很累？（亲密无间，相处，随心所欲，自私）

> 两个人亲密无间；亲密无间的关系；亲密无间的朋友
> 和/跟……相处；与朋友相处；（不）好相处
> 做事随心所欲；太随心所欲；随心所欲地提出要求
> 自私的人；太自私了

F 四人一组讨论，根据对话内容说一说：朋友之间哪些事不应该做？和朋友在一起还应该注意什么？请尽量使用小词库中的词语。用了哪个，请画"√"。

1. 当自己比朋友幸福时，不应该……因为……
2. 遇到让自己生气的事，不能……因为……
3. 当自己并不是真的急需用钱的时候，不要……因为……
4. 另外，朋友之间即使关系很好，也……因为……

小词库

炫耀　刺激　闹　动不动　出气筒　亲密　伤　相处　保持
随心所欲　亲密无间　君子之交淡如水　距离产生美

G 角色扮演： 三至四人一组，选择对话中提到的一个情节，表演周雪松和同屋的故事。

建议角色
周雪松、同屋、同屋的女朋友

参考情节
（1）同屋与女朋友争吵，回到宿舍心情不好，对周雪松发火，后来又道歉。 （2）同屋想给女朋友买礼物，钱不够，向周雪松借钱。周雪松很为难。

≫ 促成—拓展

词语表 🔊 1-3

1	同乡	tóngxiāng	名　家乡在同一个地方的人（在外地时说）。他俩是同乡；我的同乡
2	不顾	búgù	动　不照顾，不考虑。不顾别人
3	在家靠父母， 出门靠朋友	zàijiā kào fùmǔ, chūmén kào péngyou	指一个人在家时可以靠父母照顾，出门在外就需要朋友的帮助。
4	出手相助	chūshǒu xiāngzhù	动手帮忙。
5	有福同享， 有难同当	yǒu fú tóng xiǎng, yǒu nàn tóng dāng	幸福一起分享，苦难一起承担。
6	赔钱	péiqián	动　做生意时，赚到的钱比投入的钱少。做买卖赔钱；赔了不少钱
7	一去不回头	yí qù bù huítóu	去了就再也没有回来。文中指借出去的钱没有收回来。
8	够朋友	gòu péngyou	做事能用出全部的朋友间的情义（评价别人时说）。他真够朋友；不够朋友
9	无话不说	wú huà bù shuō	没有不能说的话，形容关系亲密。无话不说的朋友；他们之间无话不说
10	分担	fēndān	动　帮忙承担一部分。分担任务；分担苦恼

A 头脑风暴：朋友之间应该 / 不该……

▶ 四人一组讨论，说一说：你觉得哪些事情是朋友之间应该做的？哪些是朋友之间不该做的？请在图中填上关键词。

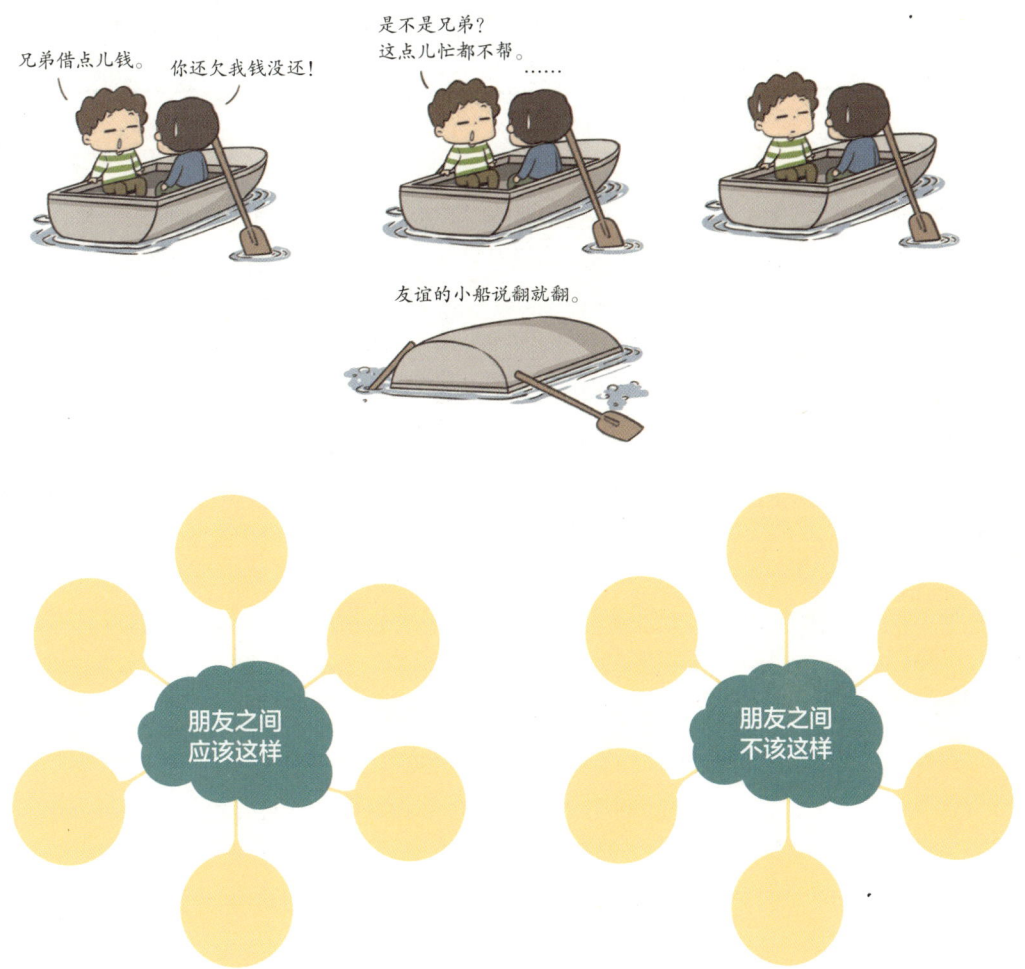

B 我该怎么办？ 🔊 1-4

▶ 和朋友相处的过程中，总会出现各种各样的问题。几位求助者给电台打来了热线电话。听录音，完成下面的练习。

1. 根据录音内容，完成表格。

	遇到的问题	他 / 她的烦恼
求助者 1	他的朋友要_____	他不知道该不该_____
求助者 2	他的朋友要_____	他不知道该不该_____
求助者 3	她的朋友_____	她很_____，觉得_____
求助者 4	她的朋友把她_____	她很_____，觉得_____

2. 四人一组，每人说一个自己的烦恼，其他人参考下图，为他 / 她分析遇到的问题，并提出解决问题的建议。请尽量使用小词库中的词语。用了哪个，请画“√”。

他 / 她的烦恼 → **我的观点** → **我的建议**

- 他 / 她的问题是这样的：……
- 我认为这是（不是）……的错。……
- 如果是我，我会……

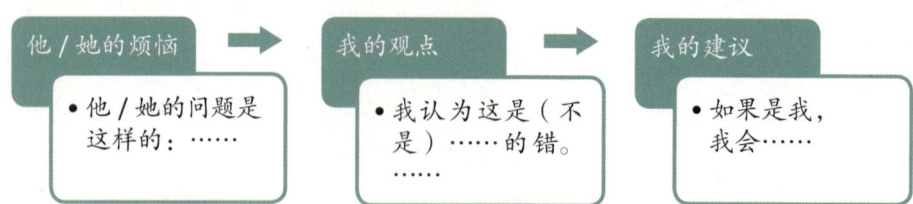

小词库

背　动不动　亲密　自私　伤　相处　保持　不顾　赔钱　够朋友　分担
随心所欲　亲密无间　出手相助　无话不说
君子之交淡如水　距离产生美　在家靠父母，出门靠朋友　有福同享，有难同当

C 各国的友谊观。

四人一组讨论：下面的熟语是什么意思？每人选择一个，说一说中国文化中的友谊观与你们国家文化中的有什么异同。

- 君子之交淡如水。
- 有福同享，有难同当。
- 在家靠父母，出门靠朋友。

i PRODUCE

产出

任务支持

下表中是本课学习的词语，供你在完成任务时选用。

我的表达需要	我的表达工具
描述个人行为	背　炫耀　刺激　伤　不顾　赔钱　出手相助　分担　动不动
对个人行为的评价	自私　随心所欲　够朋友
描述两人之间的关系	闹　出气筒　亲密　相处　保持　同乡　友谊的小船说翻就翻 亲密无间　君子之交淡如水　距离产生美　在家靠父母，出门靠朋友 有福同享，有难同当　无话不说
其他	一去不回头

任务选择

任务一　发表回帖

请你为"驱动"环节的那位网友回帖。先分析网友朋友的做法，然后为网友提出建议。

任务二　角色扮演

四人一组，两人扮演有烦恼的听众，给电台的《知音热线》节目打来热线电话，讲述自己遇到的问题。两人扮演电台主持人，为听众分析问题和提出建议。

▶ 问题参考

1. 朋友有困难，我是不是必须帮忙？
2. 朋友有需要，我是不是应该借钱给他/她？
3. 我跟朋友应该亲密无间，还是保持适当的距离？

第 1 课　友谊的小船要远行

11

评价

💡 **你觉得你表现得怎么样？请为自己的表现评出相应的等级。**

评价项目	完全不同意	不太同意	一般	比较同意	完全同意
① 我能听懂王晴晴和周雪松的对话录音，会使用本课新学的词语。	☹	☹	😐	🙂	😊
② 我能根据对话内容，回答"朋友之间哪些事不应该做？""和朋友在一起应该注意什么？"这两个问题。	☹	☹	😐	🙂	😊
③ 我能分析电台热线电话中求助者遇到的问题，并提出建议。	☹	☹	😐	🙂	😊
④ 我能理解本课所学的三句熟语的意思，对比不同国家文化中友谊观的异同。	☹	☹	😐	🙂	😊
⑤ 通过学习，对于"友谊"这个话题，我能说的内容很多。	☹	☹	😐	🙂	😊
⑥ 我能参考小词库，按照一定结构有逻辑地表达。	☹	☹	😐	🙂	😊

💡 **请简单说说你的收获。**

1. 在完成产出任务时，我使用了新学的词语，比如：

2. 在表达观点时，我能说出朋友之间哪些事情不能做，比如：

3. 我了解到不同文化中友谊观的异同，比如：

第2课 >>
我想去旅游

i PREPARE

>> 驱动

"世界那么大,我想去看看。"很多人都喜欢旅游。请观看一段关于"在中国旅游"的视频。

牛刀小试

A 双人活动

1. 两人一组讨论,说一说:人为什么要旅游?旅游有什么好处?至少说出三点,把关键词填写在下表中。

旅游的好处
1.
2.
3.

2. 两人一组讨论,说一说:你喜欢自己旅游还是跟着旅游团一起旅游?为什么?至少说出三点,把关键词填写在下表中。

	□我喜欢自己旅游 □我喜欢跟着旅游团一起旅游
理由	1. 2. 3.

B 结果展示

以小组为单位,把讨论的结果向全班简要汇报。

学习目标

通过本课的学习,你将能够:

1. 理解和使用有关"旅游"的词语。
2. 了解中国人的旅游方式。
3. 介绍自己喜欢的旅游方式。

i EXPLORE

促成一对话

词语表 🔊 2-1

1	设计	shèjì	动	预先制定方法、图案等。设计旅游路线
2	秦始皇兵马俑	Qínshǐhuáng Bīngmǎyǒng		一个名胜古迹。
3	公元前	gōngyuánqián	名	公元元年以前。
4	建造	jiànzào	动	建筑；修建。建造房屋
5	遗产	yíchǎn	名	历史上留下来的精神财富或物质财富。
	世界文化遗产	shìjiè wénhuà yíchǎn		由相关组织确认的，有价值的文物、建筑群等。
	世界自然遗产	shìjiè zìrán yíchǎn		由相关组织确认的，有价值的天然风景名胜等。
6	规模	guīmó	名	（工程、运动等）具有的范围。规模很大
7	欣赏	xīnshǎng	动	享受美好的事物，感受乐趣。欣赏风景；欣赏音乐
8	品尝	pǐncháng	动	仔细地辨别；尝试味道。品尝美食；品尝滋味
9	特色	tèsè	名	跟别的事物不一样的、别的事物没有的色彩和风格等。艺术特色；特色小吃；特色商品
10	探险	tànxiǎn	动	去没有或很少有人去过的地方观察、调查。喜欢探险；去雪山探险
11	张家界	Zhāngjiājiè	名	地名。
12	取景地	qǔjǐngdì	名	拍电影时选的地方。
13	画廊	huàláng	名	展览图画和照片的走廊。
14	如诗如画	rú shī rú huà		好像诗和画一样美丽。风景如诗如画
15	峡谷	xiágǔ	名	很长很深的谷地。一般两边是山，下面是河。
16	刺激	cìjī	动	现实的物体和现象作用于感觉器官。感觉很刺激
17	大理	Dàlǐ	名	地名。
18	白族	Báizú	名	中国的一个少数民族名称。
19	好客	hàokè	形	喜欢接待客人，对客人很热情。好客的民族；很好客
20	泸沽湖	Lúgū Hú	名	地名。
21	神秘	shénmì	形	让人很难猜到的，不知道怎么回事的。
22	丽江	Lìjiāng	名	地名。
23	体验	tǐyàn	动	自己去经历，通过实践认识事物。体验文化；体验生活
24	增长	zēngzhǎng	动	增加；提高。增长知识
25	开阔	kāikuò	动	使变大、变宽。
26	眼界	yǎnjiè	名	看见的事物的范围，借指见识的广度。开阔眼界；眼界大开
27	减压	jiǎnyā	动	减轻压力。

第 2 课 我想去旅游

A 听录音，用简单的话回答问题。 🔊 2-2

1. 马波罗对什么感兴趣？
2. 马波罗要带朋友去哪儿旅游？
3. 山下和也对什么感兴趣？
4. 山下和也要带朋友去哪儿旅游？
5. 朴智慧对什么感兴趣？
6. 朴智慧要带朋友去哪儿旅游？

B 朗读对话，注意语音语调。 🔊 2-2

李岩：同学们，上节课我们有个作业，就是你的朋友要来中国旅游，请你设计一个三天的旅游路线。你们都完成了吗？

学生们：完成了。

李岩：由于时间关系，这节课我们先请三位同学介绍。谁先说？好的，马波罗，你先说。

我对中国历史很感兴趣，所以我要带朋友们去西安旅游。西安是中国的四大古都之一。第一天，我带他们去参观秦始皇兵马俑。它是公元前200多年建造的，是"世界文化遗产"。第二天，我们去参观西安的古城墙。它是现在中国规模最大的古城墙。我们可以在上面租自行车，一边骑车一边欣赏风景。第三天，我们去回民街品尝特色小吃，购买纪念品。

马波罗

李岩

非常不错，谢谢马波罗。下面谁想说说？

我喜欢自然风景，喜欢探险，所以我要带朋友们去张家界，它是"世界自然遗产"。第一天，我们乘坐300多米高的电梯直达山顶，游览电影《阿凡达》的取景地。第二天，坐小火车游览"十里画廊"。听名字就知道那里的风景如诗如画。第三天，游览大峡谷。那里有一座玻璃桥，从桥上能看见下面峡谷的一切，特别刺激。

山下和也

李岩

我还没去过张家界呢，下次可以去看看。好，谢谢山下。下面谁来说？朴智慧。

我很喜欢中国少数民族的文化，所以我要带朋友们去云南。第一天，我们去大理。听说当地的白族人民很好客，无论平时还是节日，客人来了都要先送上三道茶。第二天，我们游览泸沽湖。那里被称为"神秘的女儿国"，因为在那里生活的一些人中女性的地位高于男性。第三天，我们去丽江古城。它是"世界文化遗产"。丽江有一种古老的文字，像图画一样。

朴智慧

李岩

说得非常好！谢谢智慧。刚才三位同学分别介绍了他们设计的旅游路线。有的人对历史古迹感兴趣，有的人对自然风景感兴趣，有的人对不同民族的文化感兴趣。当然，其他同学中可能还有人对美食、购物等感兴趣。大家可以根据自己的兴趣点设计不同的路线。下面我们来说说旅游的意义。你们觉得人为什么要旅游？

朴智慧

旅游可以 体验 不同的文化。

马波罗

旅游可以 增长 知识、开阔眼界。

山下和也

我觉得旅游还是一种很好的放松、减压 的方式。

李岩

是的，对我们来说，旅游是一件非常有意义的事情，是生活中非常重要的一部分。

C 词语练习。

品尝　特色　探险　增长　开阔

1. 旅游是一件非常有意义的事情。人们不仅可以体验不同的文化，感受不同文化的_____，还可以_____知识、_____眼界。兴趣不同，人们设计的旅游路线也不同。对历史感兴趣的人喜欢参观历史古迹，对美食感兴趣的人喜欢_____各地的特色小吃，对神秘的大自然感兴趣的人喜欢去_____。

欣赏　体验　眼界　减压

2. 中国古人说"读万卷书，行万里路"。旅游是一种学习，让我们增长知识、开阔_____。通过旅游我们可以了解古老的历史文化，_____美丽的自然风景，_____当地人的生活。旅游也是一种很好的_____方式，让我们远离工作、学习的烦恼，感受生活的美好。

D 根据对话内容回答下列问题，注意加点词语的用法。

1. 秦始皇兵马俑这个历史古迹 建造 于什么时候？
2. 在参观中国 规模 最大的古城墙时，马波罗 设计 了什么活动？
3. 风景 如诗如画 的张家界是"世界自然遗产"还是"世界文化遗产"？
4. 为什么喜欢 探险 的山下和也觉得大峡谷特别 刺激？
5. 对朴智慧来说，云南的旅游 特色 是什么？
6. 为什么说大理当地的白族是个 好客 的民族？

E 两人一组，用指定的词语回答问题。

1. 马波罗要带朋友去哪些地方？（参观，欣赏，品尝，购买）

   参观秦始皇兵马俑；参观古城墙；参观历史古迹
   欣赏风景；欣赏美景
   品尝特色小吃；品尝当地美食
   购买纪念品；购买特色商品

2. 山下和也要带朋友去哪些地方？（探险，游览，欣赏，刺激）

   喜欢探险；对探险感兴趣
   游览《阿凡达》的取景地；游览"十里画廊"；游览大峡谷；去张家界游览
   欣赏如诗如画的风景；欣赏大自然的美景
   很刺激；刺激的感觉

3. 朴智慧要带朋友去哪些地方？（文化，好客，神秘）

   当地文化；少数民族文化；体验……（的）文化
   很好客；好客的白族人；好客的民族
   非常神秘；古老而神秘；神秘的女儿国

4. 为什么说旅游是一件很有意义的事情？（体验，知识，眼界，减压）

   体验文化；体验当地生活；体验风土人情
   增长知识；获得知识；学习知识
   开阔眼界；扩大眼界
   减压方式；能够减压

F 看图说话：我是导游。

假设你们是导游，选择一个景点，为客人们设计一个三天的旅游路线。三人一组，每人介绍一天。

西安

张家界

云南

第一天
- 参观/游览 _____

第二天
- 参观/游览 _____

第三天
- 参观/游览 _____

小词库

路线　建造　规模　特色　当地　古迹　风景　意义
参观　游览　欣赏　体验　品尝　探险
刺激　神秘　古老　好客　如诗如画
无论……，都……　　……被称为……　　对……来说

G 角色扮演：四至五人一组，三人扮演旅行社的工作人员，一至两人扮演客人。

客人要参加一日游，游览你们所在的城市。旅行社的工作人员向客人介绍不同的旅游路线：有的是参观历史古迹，有的是欣赏自然风景，有的是体验当地的文化。客人听介绍时会提问题，听完介绍后会选择一个路线。每组至少使用小词库中的五个词语和结构。

小词库

路线　建造　规模　特色　当地　古迹　风景　意义
参观　游览　欣赏　体验　品尝　探险
刺激　神秘　古老　好客　如诗如画
无论……，都……　　……被称为……　　对……来说

促成—拓展

词语表 🔊 2-3

1	省心	shěngxīn	动	少操心。让……省心；很省心
2	经典	jīngdiǎn	形	有典型性而影响较大的。经典路线；经典音乐
3	住宿	zhùsù	动	在外面居住（多指过夜）。安排住宿；住宿条件
4	走马观花	zǒumǎ-guānhuā		骑在跑得很快的马上看花，意思是不仔细地看事物。
5	强迫	qiǎngpò	动	用压力让别人听自己的话或做不想做的事情。强迫购物
6	私人	sīrén	名	个人。私人物品；私人邮箱
7	定制	dìng zhì		按照客人的要求制作。私人定制；为……定制
8	推荐	tuījiàn	动	把好的人或事物介绍给别人，希望别人接受。向……推荐

A 旅游的方式。 🔊 2-4

↳ 在中国，人们的旅游方式主要有四种：跟团游、自由行、半自由行和私人定制旅游。听四段录音，根据录音内容勾选四种旅游方式对应的选项。

	自己设计路线	自己解决交通和住宿	航班、酒店不能随便选	有导游	不用花时间准备	可能会被强迫购物
跟团游						
自由行						
半自由行						
私人定制旅游						

1. 跟团游

（1）根据第一段录音说一说：为什么跟团游最大的好处是省心？

省心				
路线	饮食、住宿、交通	安全	语言

（2）除了省心，跟团游还有哪些好处？

（3）根据第二段录音说一说：跟团游有哪些问题？

问题		
时间	路线	购物

第 2 课 我想去旅游

21

（4）你们国家的跟团游有录音中说到的问题吗？跟团游还有什么其他问题？

（5）现在在中国旅游，你会选择跟团游吗？三至四人一组，告诉同伴你的选择并说明理由。

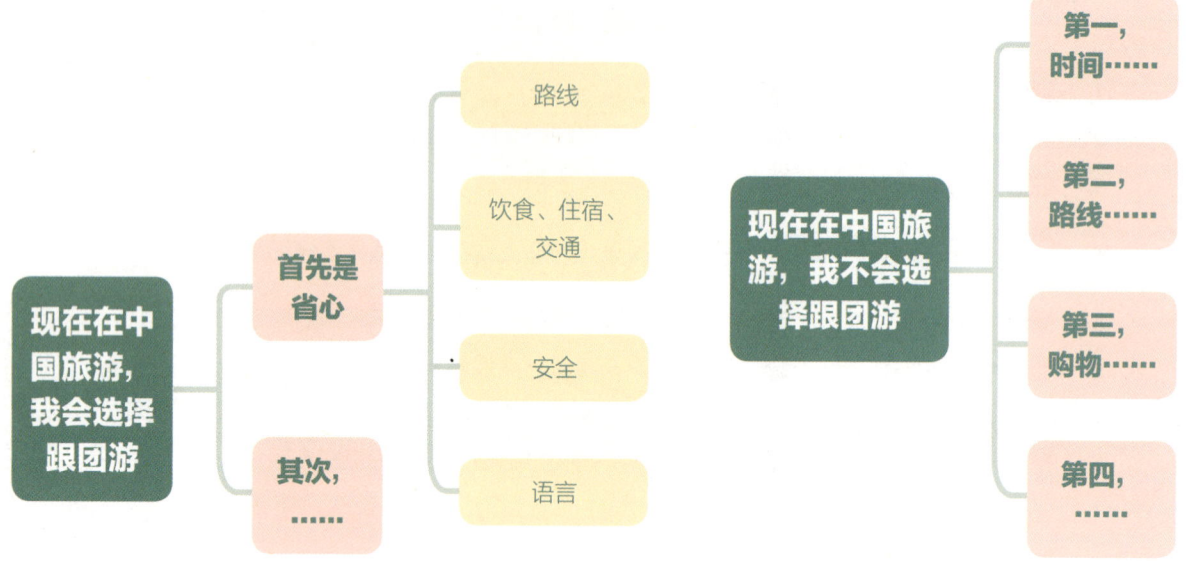

2. 自由行

（1）根据第二段录音说一说：自由行有哪些优点？

优点			
时间	路线	购物	体验

（2）如果选择自由行，你需要做什么？

（3）如果去一个陌生的国家旅游，你会选择跟团游还是自由行？三至四人一组，告诉同伴你的选择并说明理由。

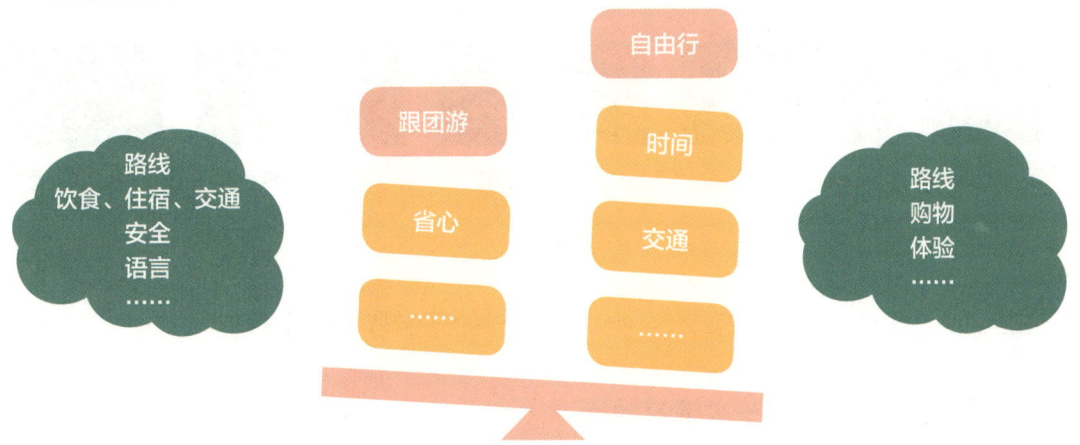

3. 半自由行

（1）根据第三段录音说一说：半自由行是什么样的旅游方式？

（2）和自由行相比，半自由行的优点和缺点各是什么？

（3）4月1号到7号放假，你们打算去海边旅游五天。下面是三个选项。三至四人一组，比较后选定一个，并说明没有选择其他两个的理由。

4. 私人定制旅游

（1）根据第四段录音说一说：私人定制旅游和跟团游有哪些区别？

旅游团的成员	路线、交通、住宿、饮食	购物	费用	……
· 私人定制旅游 · 跟团游	· 私人定制旅游 · 跟团游	· 私人定制旅游 · 跟团游	· 私人定制旅游 · 跟团游	· 私人定制旅游 · 跟团游

（2）三至四人一组讨论：有人说私人定制旅游是跟团游的升级版，你同意吗？

B 旅游经历分享会：我的一次旅游经历。

↘ 根据你的一次旅游经历，回答下面的问题。回答问题前先填写表格，写出回答时要使用的关键词。

（1）你去的是什么地方？
（2）你对那里的什么感兴趣？是历史古迹、自然风景、不同的文化，还是当地的美食、特色商品？请简单介绍一下。
（3）你的旅游方式是什么？你为什么选择这种方式？
（4）对你来说，那次旅游的意义是什么？

	去的地方：＿＿＿＿
对＿＿＿＿感兴趣	
旅游方式：＿＿＿＿	
旅游的意义	

↘ 三至四人一组，把上面的回答连成一段话，向同伴介绍你的这次旅游经历。

我去过……

我对那里的……很感兴趣……

那次旅游我选的是……，我觉得这种方式……

那次旅游让我……

↘ 每组推选一人向全班介绍自己的旅游经历。

i PRODUCE

产出

任务支持

下表中是本课学习的词语，供你在完成任务时选用。

我的表达需要	我的表达工具
与旅游相关的行为和感觉	探险　体验　走马观花　欣赏　品尝 神秘　古老　如诗如画　刺激　省心　操心　好客
关于旅游的设计与安排	设计　订　定制　推荐　强迫 方式　产品　路线　特色　当地　古迹　规模　住宿　位置　航班　经典　私人
说明旅游的意义	增长　开阔　眼界　减压
其他	公元前　建造　遗产　世界文化遗产　世界自然遗产　取景地　画廊　峡谷 秦始皇兵马俑　张家界　大理　白族　泸沽湖　丽江

任务选择

任务一　我是演说家

每人以"我喜欢的旅游方式"为题做一个演讲，结合自己的旅游经历介绍自己喜欢的旅游目的地和旅游方式。

要求：1. 时间为两分钟左右。2. 至少使用五个本课学习的词语。

任务二　旅游推介会

如果同学们要去你的国家旅游，可以怎么玩？请你设计一个三至五天的旅游路线。全班召开一次旅游推介会，每个人把自己设计的旅游路线推荐给大家。

要求：1. 制作 PPT。2. 至少使用五个本课学习的词语。

任务三　实地调查

四人一组，至少调查三个中国人。调查内容是他们对旅游的看法和最近的一次旅游经历。对调查结果进行分析，给出你们的观点或看法。

▶ 调查问题参考

1. 对你来说，旅游最重要的意义是什么？（增长知识、减压……）
2. 旅游时你最感兴趣的是什么？（历史古迹、自然风景……）
3. 你最近一次旅游去的是什么地方？
4. 最近一次旅游时，你选择的是哪种旅游方式？（跟团游、自由行……）
5. 你为什么选择这种旅游方式？

评价

💡 **你觉得你表现得怎么样？请为自己的表现评出相应的等级。**

评价项目	完全不同意	不太同意	一般	比较同意	完全同意
① 我能听懂课文录音，说出马波罗、山下和也、朴智慧分别想带朋友去哪些地方旅游。	☹	☹	😐	🙂	😊
② 我能使用小词库中的词语，介绍不同的旅游路线。	☹	☹	😐	🙂	😊
③ 我能听懂四段录音，总结不同旅游方式的特点。	☹	☹	😐	🙂	😊
④ 我能参考关键词和结构图，说明自己选择某种旅游方式的理由。	☹	☹	😐	🙂	😊
⑤ 我能根据结构图，向同伴介绍自己的一次旅游经历。	☹	☹	😐	🙂	😊
⑥ 通过学习，我能说的内容很多，说得很有逻辑。	☹	☹	😐	🙂	😊

💡 **请简单说说你的收获。**

1. 在完成产出任务时，我使用了新学的词语，比如：
   _____
   _____

2. 在完成产出任务时，我用到了新学的一些句子，比如：
   _____
   _____

3. 在完成产出任务时，我的表达逻辑清楚，主要结构是：
   开头：_____
   中间：_____
   结尾：_____

第3课 >>
话说"相亲"

i PREPARE

>> 驱动

相亲，就是男女双方为寻找恋爱和结婚的对象，经人介绍见面。很多国家都存在各种形式的相亲活动。请观看一段视频，试着想一想：如果你也在现场，你会说什么？

牛刀小试

A 双人活动

两人一组讨论，说一说：你们国家的相亲形式是什么样的？你可以接受相亲吗？为什么？把关键词填写在下表中。

你们国家的相亲形式是什么样的	你为什么接受/不接受

B 结果展示

以小组为单位，把讨论的结果向全班简要汇报。

学习目标

通过本课的学习，你将能够：

1. 理解和使用有关"相亲"及"中国传统婚恋观"的词语。
2. 分析相亲的利与弊。
3. 在相亲的问题上，将自己的国家与中国进行文化对比。

i EXPLORE

促成一对话

词语表 🔊 3-1

1	硬着头皮	yìngzhe tóupí		比喻勉强去做不愿意做的事。
2	应付	yìngfu	动	不积极、不负责地做事。
3	男大当婚，女大当嫁	nán dà dāng hūn, nǚ dà dāng jià		指男人和女人到了一定年龄就应该结婚。
4	单	dān	形	独自一个的。一直单着；还单着；单了很多年
5	结交	jiéjiāo	动	跟人往来交际，使关系密切。结交朋友
6	成家	chéngjiā	动	结婚。
7	制造	zhìzào	动	人为地使某种状况形成。制造机会；制造麻烦
8	知根知底	zhīgēn-zhīdǐ		知道内部的情况等。对话中指了解对方个人和家庭的真实情况。
9	相当	xiāngdāng	动	（条件、情况等）差不多。条件相当；水平相当
10	门当户对	méndāng-hùduì		指男女双方家庭的社会地位和经济状况差不多，适合结婚。
11	来电	láidiàn	动	比喻内心产生对对方的好感。对……来电
12	一见钟情	yíjiàn-zhōngqíng		一见面就产生了爱情。
13	别扭	bièniu	形	不自然，不习惯。感觉别扭；心里别扭
14	尴尬	gāngà	形	感觉困难，不知该怎么做；不自然。实在尴尬；表情尴尬
15	功利	gōnglì	名	钱财、名声等方面的利益。追求功利；功利的目的；功利心
16	谈婚论嫁	tán hūn lùn jià		谈、论：讨论。婚、嫁：结婚。讨论结婚的问题。
17	激情	jīqíng	名	强烈激动的情感。充满激情；富有激情
18	认可	rènkě	动	同意，承认。认可他们的关系；得到父母的认可
19	伤害	shānghài	动	使身体或感情受到损害。伤害别人；伤害感情
20	有利有弊	yǒu lì yǒu bì		有好的一面，也有坏的一面。

第 3 课 话说「相亲」

A 听录音，用简单的话回答问题。 🔊 3-2

1. 林凯的妈妈为什么要给他介绍女朋友？
2. 林凯喜欢相亲这种恋爱方式吗？为什么？
3. 林凯对妈妈给他介绍的女孩儿印象怎么样？
4. 许欣然的恋爱出现了什么问题？

B 朗读对话，注意语音语调。 🔊 3-2

（王晴晴去舅妈家玩，见到了表哥林凯。）

王晴晴： 表哥，听说前几天你被舅妈安排相亲去了。快给我讲讲，感觉怎么样？

林凯： 咳，快别提了！我这次硬着头皮去相亲，还不是为了应付我妈！我妈说我老大不小了，俗话说"男大当婚，女大当嫁"，总这么单着可不行。她怕我由于工作太忙，没时间结交女孩儿而耽误了成家，非得给我制造这么一次机会。

王晴晴： 这其实也挺好，舅妈给你介绍的女孩儿，至少是她满意的。两个人知根知底，要真是各方面条件都相当，就实现了所谓的"门当户对"。先相亲后恋爱，将来就不存在父母同意不同意的问题了。跟你相亲的那个女孩儿人怎么样？

林凯：女孩儿 27 岁，长得挺漂亮，家庭条件跟咱们差不多，没什么缺点，可也没什么特点。我对她没什么感觉，一点儿不来电。

王晴晴：来电？舅妈要是听到你这么说，又该说你了："这电是能给电灯用啊，还是能用来看电视啊？"你还希望双方一见钟情？这要求也太高了！大多数人谈恋爱都是彼此认识之后相处时间长了，才慢慢产生感情的，一见钟情的毕竟是少数。

林凯：反正相亲不像自由恋爱那么自然，挺别扭的。我们俩在咖啡馆面对面坐着，也不知道该说什么，感觉特别尴尬，没话找话地聊了 20 多分钟，然后出了咖啡馆就各自回家了。

王晴晴：没关系，你俩只要互不讨厌，就可以先做普通朋友，偶尔打个电话，聊聊天儿什么的。以后如果有感觉了就谈恋爱，没感觉的话也无所谓，多个朋友也没坏处。

林凯：无论如何，我就是不喜欢相亲，感觉这么谈恋爱太功利了。俩人不是因为爱情走到一起，而是到了谈婚论嫁的年龄，仅仅为成家才交往。

王晴晴：嗯，跟自由恋爱相比，相亲是少了一些激情。可是你知道吗？我有个同学叫许欣然，她跟男朋友特别相爱，倒真是充满了激情！可后来她父母一听说男方家是农村的，无论如何也不同意他们在一起。你说，她的恋爱得不到家人的认可，是不是也不太好？

林凯：遇到这样的情况也挺麻烦。她要是为父母放弃这段感情吧，肯定舍不得；背着家人跟男孩儿继续交往吧，早晚会让家长知道，那时候肯定又会伤害父母的感情，大家都不愉快。这样的恋爱谈起来也挺累的。

王晴晴：所以说，父母安排的相亲就不存在这样的问题，这就是它的好处。不管怎么说吧，哪种恋爱方式可能都有利有弊。

第 3 课 话说「相亲」

31

C 词语练习。

单　结交　制造　谈婚论嫁

1. 林凯已经到了_____的年龄，却一直没有女朋友，还_____着。妈妈很为他的婚姻问题操心，担心他工作太忙，没有时间和精力_____女孩儿，就请朋友为他介绍合适的单身女孩儿。妈妈安排林凯和女孩儿见面，给林凯_____机会，这就是相亲。

知根知底　相当　门当户对　认可　有利有弊

2. 相亲_____。它的好处在于，谈恋爱的双方对对方_____，如果双方的经济条件、文化水平_____，这就是中国人常说的_____，这样的恋爱容易被双方家长_____。

成家　来电　别扭　功利　激情

3. 相亲也有它的问题：因为男女双方是为_____才认识的，所以比较重视对方的家庭背景、经济条件等，这使相亲有一种_____性，少了自由恋爱中的_____和_____的感觉。此外，见面时，如果双方都比较内向，就会觉得很_____。

D 根据对话内容回答下列问题，注意加点词语的用法。

1. "男大当婚，女大当嫁"是什么意思？你们国家有没有这样的说法？
2. 林凯到了谈婚论嫁的年龄仍然单着，他妈妈担心什么？
3. 知根知底对谈恋爱有什么好处？
4. 中国人讲究的"门当户对"是什么意思？
5. 林凯觉得来电的感觉应该是什么样的？
6. 林凯为什么觉得相亲的过程挺尴尬的？
7. 林凯为什么觉得通过相亲谈恋爱多了一些功利，少了一些激情？
8. 许欣然的父母为什么不认可她和男朋友的恋爱？
9. 王晴晴说相亲的恋爱方式有利有弊，她所说的利和弊各指什么？

E 两人一组，用指定的词语回答问题。

1. 林凯的妈妈为什么安排了这次相亲？林凯为什么不愿意去？（单，操心，制造，尴尬）

> 一直单着；还单着呢
> 为儿子操心；操心儿子的婚事；让妈妈操心
> 制造机会；制造气氛；制造……的可能性
> 觉得尴尬；气氛尴尬；场面尴尬

2. 相亲有什么好处？（结交，知根知底，相当，门当户对）

> 结交女孩儿/男孩儿；结交朋友；结交的人
> 对……知根知底；双方知根知底；知根知底的人
> 经济条件相当；家庭背景相当；文化水平相当
> A 和 B "门当户对"；双方"门当户对"；"门当户对"的婚姻

3. 相亲有什么不好？（来电，别扭，功利，激情）

> （有/没有）来电的感觉；不容易来电；很难来电
> 感觉别扭；有点儿别扭
> 比较功利；有功利性；挺功利的
> 产生激情；没有激情；缺乏激情

4. 许欣然谈恋爱遇到了什么麻烦？（一见钟情，认可，伤害）

> 双方一见钟情；A 对 B 一见钟情
> 认可这件事；认可他们的爱情；得（不）到……的认可
> 伤害父母；伤害家人；伤害……的感情

F 四人一组，根据对话内容填空，再借助结构图说一说林凯和许欣然的烦恼。

- 林凯到了（　　　　）的年龄，可是他（　　　　），所以……
- 许欣然和男朋友（　　　　），只是她的男朋友……
- 相亲的时候，林凯和那个女孩儿都觉得挺（　　　　）的，……
- 许欣然的父母觉得男孩儿家和他们家不（　　　　），……
- 林凯觉得相亲有一种（　　　　）性，因为……
- 许欣然不知道怎么办才好，一方面，……；另一方面，……

G 角色扮演：四人一组，选择对话中提到的一个情节，表演林凯和许欣然的故事。

1. 妈妈安排林凯相亲。（角色参考：林凯、林凯妈妈、女孩儿、旁白）
2. 许欣然谈恋爱遇到麻烦。（角色参考：许欣然、许欣然爸爸、许欣然妈妈、旁白）

第 3 课 话说「相亲」

33

促成—拓展

词语表 3-3

1	一清二楚	yì qīng èr chǔ		十分清楚。对……一清二楚
2	冲突	chōngtū	动	打架或争吵；不协调、不相配。发生冲突；解决冲突；文冲突
3	场合	chǎnghé	名	某个时间、地点。公开场合；正式场合
4	开朗	kāilǎng	形	（性格、思想）乐观。性格开朗；开朗乐观
5	内向	nèixiàng	形	感情、思想不表现出来。性格内向；安静而内向
6	人品	rénpǐn	名	人的品格。人品端正
7	成熟	chéngshú	形	发展到很高的程度。成熟的想法；成熟稳重
8	宽容	kuānróng	动	（对人、对事）不计较、不追究。宽容待人；对朋友宽容
9	幼稚	yòuzhì	形	缺乏经验，想得很简单。单纯幼稚；幼稚的行为

A 头脑风暴：我看"相亲"。

↪ 四人一组讨论，说一说：如果是你，你会接受相亲吗？为什么？记录同伴的答案。

	他/她接受相亲吗	原因（关键词）
同伴1		
同伴2		
同伴3		

B "相亲"利弊谈。 3-4

↪ 关于"相亲"这一话题，记者随机采访了五位受访者，他们都表明了自己的观点。请听录音，完成下面的练习。

1. 根据录音内容，完成表格。

	他/她说的是相亲的		关键词
	利	弊	
受访者1			
受访者2			
受访者3			
受访者4			
受访者5			

2. 四人一组讨论：相亲的利与弊。可以结合刚才录音的内容，也可以谈自己的想法，其他同学记录关键词。请尽量使用小词库中的词语。用了哪个，请画"√"。

	相亲的利	相亲的弊
同伴 1		
同伴 2		
同伴 3		

小词库

利

操心　制造　结交　相当　成家
认可　冲突　成熟　幼稚　宽容　单
知根知底　门当户对
谈婚论嫁　一清二楚
男大当婚，女大当嫁

小词库

弊

应付　别扭　尴尬　功利　场合
开朗　内向　激情　来电
人品　性格　负担　硬着头皮
一见钟情

C 了解中国的"相亲"。

↘ 四人一组，每人选择一个方面，试着分析中国的一些年轻人接受相亲的原因。

工作　　家人　　社会　　自己

↘ 四人一组，结合下表，说一段话，从不同方面分析中国年轻人接受相亲的原因。

中国为什么会有不少年轻人接受相亲				
从时间角度来看，年轻人工作……	从家人的角度来看，……	从传统观念来看，……	从个人情感需求来看，……	从……来看，……

第 3 课　话说「相亲」

35

D 文化对比。

↘ 四人一组讨论：你们国家有没有各种形式的相亲活动？和中国的情况一样吗？请尽量使用小词库中的词语。用了哪个，请画"√"。

> **小词库**
>
> 应付　操心　结交　成家　制造　相当　认可　功利　来电　激情　单
> 别扭　尴尬　伤害　冲突　场合　开朗　内向　人品　成熟　幼稚　宽容
> 知根知底　门当户对　谈婚论嫁　一清二楚　一见钟情　男大当婚，女大当嫁

i PRODUCE

产出

任务支持

下表中是本课学习的词语，供你在完成任务时选用。

我的表达需要	我的表达工具
说明相亲的原因	单　结交　成家　制造　男大当婚，女大当嫁　谈婚论嫁
描述相亲的好处	相当　认可　伤害　冲突　宽容　成熟　幼稚　知根知底　门当户对　一清二楚
分析相亲存在的问题	场合　别扭　尴尬　功利　来电　激情　人品　开朗　内向　应付　硬着头皮　一见钟情　有利有弊

任务选择

任务一　实话实说

假如到了谈婚论嫁的年龄，你依旧没有男朋友/女朋友，你会接受家人或者朋友帮你安排相亲吗？为什么？

要求：1. 时间为两分钟左右。2. 至少使用五个本课学习的词语。

任务二　课堂辩论

三至四人一组，每组选择一个观点。根据不同观点分正反方进行课堂辩论。在辩论中，不但要清晰地表达、证明自己的观点，而且要反驳对方的观点。

正方　相亲利大于弊

反方　相亲弊大于利

▶ 辩论准备

讨论并整理对方的观点和证明方法，再看看可以从哪些角度反驳，把有关信息填入下表。

我们的观点是：	
对方的观点是：	
对方很可能从这些角度证明观点	我们可以这样反驳
例：自由恋爱会带来激情。如果没有来电的感觉，恋爱和婚姻就不会幸福。	例：相亲会使双方了解彼此的情况。如果没有相近的家庭背景和经济条件做基础，激情在恋爱和婚姻中就毫无作用。

第 3 课　话说「相亲」

37

（续表）

任务三　圆桌会议

说一说你们国家都有哪些相亲活动，介绍一下具体形式，并与中国进行文化对比。

评价

💡 **你觉得你表现得怎么样？请为自己的表现评出相应的等级。**

评价项目	完全不同意	不太同意	一般	比较同意	完全同意
① 对于"相亲"这个话题，我能说的内容很多。	☹	☹	😐	🙂	😊
② 有一些词语、结构，我现在知道怎么表达。	☹	☹	😐	🙂	😊
③ 我可以说很长的句子。	☹	☹	😐	🙂	😊
④ 我可以说得很有逻辑。	☹	☹	😐	🙂	😊
⑤ 我完成了学习目标1：理解和使用有关"相亲"及"中国传统婚恋观"的词语。	☹	☹	😐	🙂	😊
⑥ 我完成了学习目标2：分析相亲的利与弊。	☹	☹	😐	🙂	😊
⑦ 我完成了学习目标3：在相亲的问题上，将自己的国家与中国进行文化对比。	☹	☹	😐	🙂	😊

第 **4** 课 >>

生，还是不生？

i PREPARE

›› 驱动

结婚以后要不要生孩子？什么时候生孩子？也许你早已有了决定，也许你觉得现在考虑这些还太早。不管怎么样，生育、养育孩子的问题是很多人一生中一定要面对的。我们先来看看在街头采访中，大家是怎么说的。

牛刀小试

A 双人活动

两人一组讨论，说一说：

1. 视频中被采访人的理由分别是什么？把关键词填写在下表中。

只想要一个孩子的理由（视频1）	想要多个孩子的理由（视频1）	不生孩子的理由（视频2）

2. 人们选择生不生孩子，除了经济能力，还受哪些因素的影响？

B 结果展示

以小组为单位，把讨论的结果向全班简要汇报。

学习目标

通过本课的学习，你将能够：

1. 理解和使用有关"生育、养育孩子"的词语。
2. 描述和分析人们关于生育问题的多种不同观念。
3. 结合时代特征和文化差异，分析人们生育观念的变化和不同。

i EXPLORE

促成一对话

词语表 4-1

1	暗示	ànshì	动	不明白地说，而用需要别人猜的话或动作使人明白。做出暗示；暗示别人
2	媳妇	xífu	名	妻子。谁的媳妇；我媳妇
3	及早	jízǎo	副	抓紧时间或提前（行动）。及早考虑；及早进行；及早计划
4	催	cuī	动	要求……赶快做。催子女结婚；催婚
5	生育	shēngyù	动	生孩子。生育子女
6	开明	kāimíng	形	指人思想开通，不顽固保守。开明的父母；想法开明
7	顺其自然	shùn qí zìrán		让事物自然发展，不去干涉。
8	长辈	zhǎngbèi	名	在家族系统中排序比自己高一级的人。和"晚辈"相对。尊敬长辈；长辈催晚辈结婚
9	物质	wùzhì	名	特指金钱、生活需要的产品等。物质条件；物质基础
10	慎重	shènzhòng	形	小心认真。态度很慎重；慎重选择
11	时机	shíjī	名	具有时间性的客观条件，（好）机会。好时机；抓住时机
12	投入	tóurù	动	放进钱或物。投入时间；投入金钱；投入热情
			名	放进的钱或物。
13	无限	wúxiàn	形	没有尽头的；没有数量等限制的。无限的爱；无限的投入
14	养育	yǎngyù	动	抚养和教育。养育子女；养育下一代
15	优越	yōuyuè	形	条件等非常好。优越的环境；优越的生活
16	事业	shìyè	名	人所做的、有一定目标的、对社会发展有影响的经常活动。干事业；发展事业
17	怀孕	huáiyùn	动	妇女或雌性动物肚子里有了胎儿。
18	孤苦伶仃	gūkǔ-língdīng		孤单困苦，没有依靠。

第 4 课 生，还是不生？

A 听录音，用简单的话回答问题。 4-2

1. 陈文最近为什么没有睡好？
2. 陈武的父母和陈文的父母有什么不同？
3. 陈文两口子想什么时候要孩子？
4. 陈武觉得在养育孩子方面，什么最重要？
5. 王珊珊想不想要孩子？为什么？
6. 王晴晴觉得年轻时如果不要孩子，老了以后会怎么样？

B 朗读对话，注意语音语调。 4-2

（王晴晴和男朋友陈武，还有姐姐王珊珊、陈武的堂兄陈文一起在饭店边吃饭边聊天儿。）

陈武：哥，你最近是不是工作太拼命，常常熬夜？

陈文：这两天确实没睡好，可并不是因为工作。不怕你们笑话，我爸妈从我结婚开始就常暗示我和我媳妇，希望我们尽快考虑要孩子。最近更是开始直接打电话催我们，说我俩马上就满 30 岁了，再不要孩子可就晚了。我们不是不喜欢孩子，可现在要孩子条件还不成熟。父母的心情我们理解，但是我们的心情他们不理解。

王珊珊：都 21 世纪了，恋爱、结婚、生育……都应该是个人的选择吧。父母早不该管了。我爸妈就比较好，虽然我 29 了还是单身，但他们从不暗示或者唠叨。

陈武：我们老家到底不是大城市，老人们的想法还比较传统。不过很多老人现在也想开了，比如我父母就很开明，说这些我可以自己决定。

陈文：看来得让你爸妈多去我家坐坐，劝劝我爸妈，让他们也做开明的父母，晚辈的事一切顺其自然。

王晴晴：文哥，我也觉得这事当然是你们两口子自己决定。长辈那边，就跟他们说你们是想要孩子的，但是希望先好好工作几年，这样才能给孩子提供更好的物质条件。

陈文：我们就是这么想的。爱孩子就要多为孩子考虑，慎重决定，选好时机，不能说生就生。现在养一个孩子可不像我们小时候那么简单，光教育方面的投入可能就是无限的。自己有这个经济能力之前，可以不考虑要孩子。

陈武：哥，生孩子的事确实应该你们两口子决定，不能因为长辈催了就生一个。不过，养育子女并不需要多优越的物质条件吧，爱和陪伴最重要。

王珊珊：这点我同意，爱和陪伴最重要。所以我早就想好了，我不要孩子。比起孩子我更爱我的事业。为了我热爱的事业，我每天工作十几个小时，不太可能有时间陪伴、照顾孩子了。我也不相信事业和家庭能够平衡。

陈文：这个……我觉得应该还好吧，别这么悲观。干事业就一定没时间照顾孩子？当然，我也得提醒我自己，需要这么担心养不起孩子吗？按理说，别人养得起，我们也不会有大问题。

陈武：对，生孩子这个事不用想太多，顺其自然就好。两口子感情好，自然就想要孩子。晴晴，你说呢？

> 我可没想好。看到可爱的小孩子，我有时候也会觉得生孩子、带孩子多辛苦都值得。可细想一下，从怀孕到孩子上大学，我和孩子他爸可能都没有自己的生活了，又有点儿犹豫。再想到如果老了以后没有孩子，孤苦伶仃的，又生怕将来会后悔。
> —— 王晴晴

> 孩子他爸觉得……不管孩子他妈怎么决定，都听她的就没错！
> —— 陈武

C 词语练习。

及早　催　开明　长辈

1. 有些老人的想法比较传统，他们认为自己作为_____应该提醒、关心年轻人，所以经常会_____自己的子女甚至别的年轻人_____考虑生孩子的事。当然，也有很多老人非常_____，尊重个人选择，明白恋爱、结婚、生育应该由每个人自己做出决定。

物质　养育　事业　怀孕

2. 要不要孩子？有人早就决定了：自己更爱干_____，不可能平衡_____和家庭，所以不会要孩子。有人心情矛盾：看到可爱的孩子很喜欢，可是一想到_____、生孩子、_____孩子这些过程中的辛苦和_____压力，又觉得很难。

慎重　投入　无限　优越

3. 应该什么时候要孩子？一些人认为，有责任心的父母应该_____大量金钱，为孩子提供_____的环境，所以应该_____选择时机，等经济条件成熟后再要孩子。一些人觉得只要自己能给孩子提供_____的爱和足够的陪伴，什么时候都可以考虑要孩子。

D 根据对话内容回答下列问题，注意加点词语的用法。

1. 为什么说陈文的父母对子女的生育问题想法太传统、不够开明？
2. 如果长辈对晚辈晚生育的决定不理解，晚辈可以怎么解释？
3. 陈文为什么觉得要慎重选择生孩子的时机？
4. 关于物质条件对养育孩子的重要性，陈文和陈武有哪些不同的看法？
5. 陈文怎么看干事业和照顾孩子的关系？
6. 生不生孩子，怎么样才是顺其自然的？
7. 王晴晴担心"从怀孕到孩子上大学"自己的生活会怎么样？

E 两人一组，用指定的词语回答问题。

1. 在传统观念影响下，晚辈在婚恋、生育方面可能承受来自长辈的哪些压力？（开明，催，及早，暗示）

   父母不开明；长辈不开明；……思想不够开明
   催婚；催育；催……赶快恋爱
   催……及早结婚；催……及早要孩子
   做出暗示；经常暗示；暗示……及早要孩子

2. 除了对孩子的爱和来自长辈的压力，还有哪些原因也可能使人们选择生育？（顺其自然，孤苦伶仃）

   顺其自然的选择；顺其自然的过程；一切顺其自然
   不想孤苦伶仃；担心以后孤苦伶仃；害怕老了以后孤苦伶仃；为了今后不会孤苦伶仃

3. 生育、养育一个孩子可能需要什么？（物质，优越，投入，无限）

   一定的物质条件；良好的物质条件；优越的物质条件；物质基础
   优越的……环境；优越的生活；比……优越
   投入金钱；大量的投入
   无限的爱；无限的温暖；无限的投入

4. 哪些情况会使人们晚生孩子甚至不生孩子？（事业，物质，慎重，时机）

   不能平衡事业和家庭；专心干事业；先发展事业
   缺少物质条件；物质条件很差；不能提供优越的物质条件
   要慎重考虑；慎重选择时机

F 三至四人一组，对下面的看法提出反对意见，可以参考对话内容并适当补充。请尽量使用小词库中的词语。用了哪个，请画"√"。

没有充足的物质条件，不应该考虑要孩子。

1. 不用考虑那么多，……
2. ……，老了以后……
3. ……不重要，……才重要。
……

小词库

物质　优越
投入　陪伴
孤苦伶仃　顺其自然

第 4 课 生，还是不生？

每个人都应该及早生孩子。

1. ……个人选择。
2. 工作很辛苦，……
3. 物质条件/经济条件……
……

小词库

怀孕　生育　养育
事业　投入　优越
无限　顺其自然

G 两人一组，根据对话内容填空，参考下图谈一谈两种生育观的具体内容。请尽量使用小词库中的词语。用了哪个，请画"√"。

不用一直考虑要不要孩子，……就行
- 两个人相爱就会……
  感情好就会……
  - 有人担心……
    但是其实……才最重要
- 不用担心太多……
  - 有人担心……
    但是其实是可以既……，又……的
  - 还有人担心……
    但是……，很值得

小词库

生育　养育　物质　事业　无限　投入　顺其自然

当今社会，不要孩子可以是一个合理的个人选择
- 社会环境方面，……越来越……，……
- 个人发展方面，有人因为很难平衡……，所以……
- 生活方式方面，有人不想因为……而改变……
- 物质条件方面，……
- 目的方面，为了……而去生孩子，可能是自私的

小词库

开明　事业　怀孕　生育　养育
物质　投入　慎重　时机
孤苦伶仃

>> 促成—拓展

词语表 4-3

1	税	shuì	名	政府依法收的钱或物。交税；减税；免税；收税
2	补贴	bǔtiē	名	贴补的费用。发补贴
3	福利	fúlì	名	生活上的利益。福利很好；高福利
4	自古以来	zìgǔ yǐlái		从古代到现在。
5	率	lǜ	名	比值，两数之比。百分率；生育率
6	政策	zhèngcè	名	国家、政党为实现一定的目的而制定的做事的原则。制定政策；政策改变
7	成本	chéngběn	名	产品在生产等过程中需要的全部费用。生活成本；养育成本

A 生，还是不生？ 4-4

↪ 听两段录音，根据下图完成练习。

1. 听第一段录音，总结王珊珊的现代生育观念。

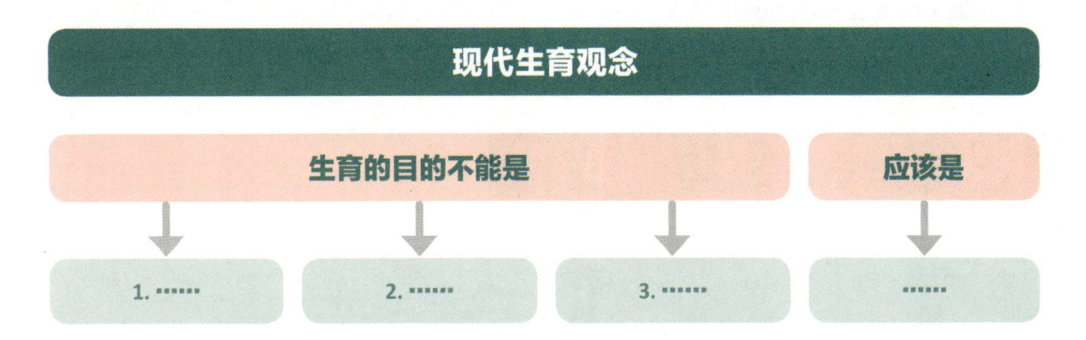

现代生育观念

生育的目的不能是			应该是
↓	↓	↓	↓
1. ……	2. ……	3. ……	……

2. 听第二段录音，总结陈文父母的传统生育观念。

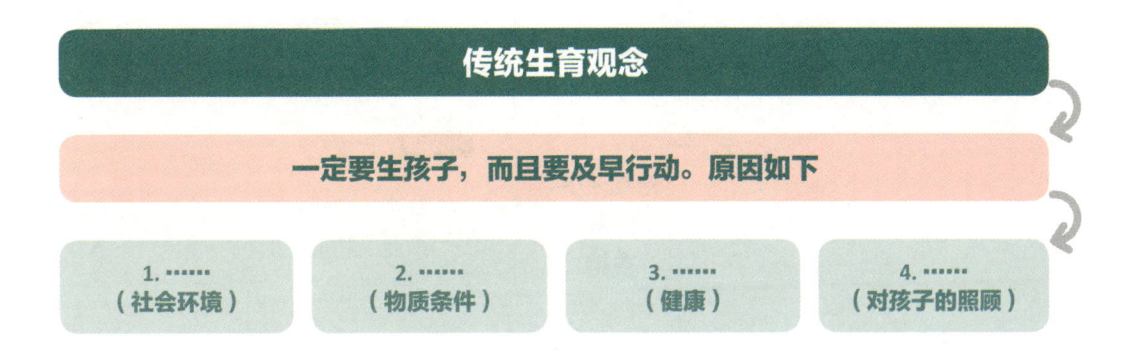

传统生育观念

一定要生孩子，而且要及早行动。原因如下

1. ……（社会环境）	2. ……（物质条件）	3. ……（健康）	4. ……（对孩子的照顾）

B 角色扮演：我的生育观念。

↳ 每人从以下两个情境中选择一个，结合自己国家的情况进行成段表达。请尽量使用小词库中的词语。用了哪个，请画"√"。

1. 犹豫和坚持。

你参加中国电视台的访谈节目，表达自己对生育的态度：还没决定何时要孩子，甚至没想好是否要孩子，但非常清楚生育应该是出于爱。最后还建议年轻观众们都不要急于做决定。

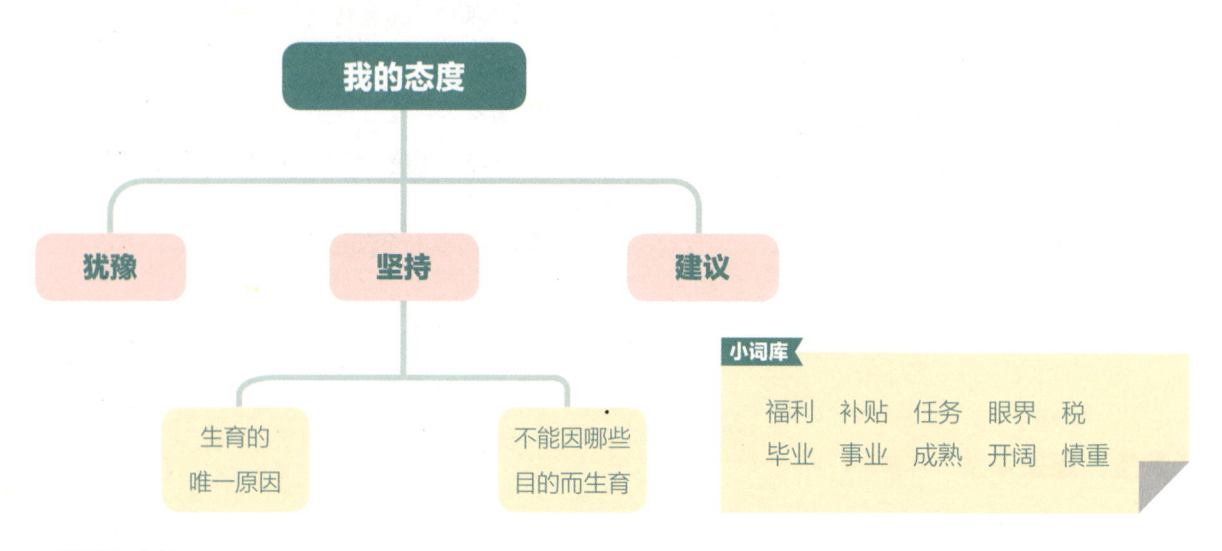

```
         我的态度
    ┌───────┼───────┐
   犹豫    坚持    建议
         ┌──┴──┐
       生育的  不能因哪些
       唯一原因 目的而生育
```

小词库
福利　补贴　任务　眼界　税
毕业　事业　成熟　开阔　慎重

2. 碰撞和交流。

你是一个被父母催着生孩子的年轻人，感觉平时很难让父母理解自己。现在你和你的中国朋友交流，说出了更多自己没有对父母说过的想法。

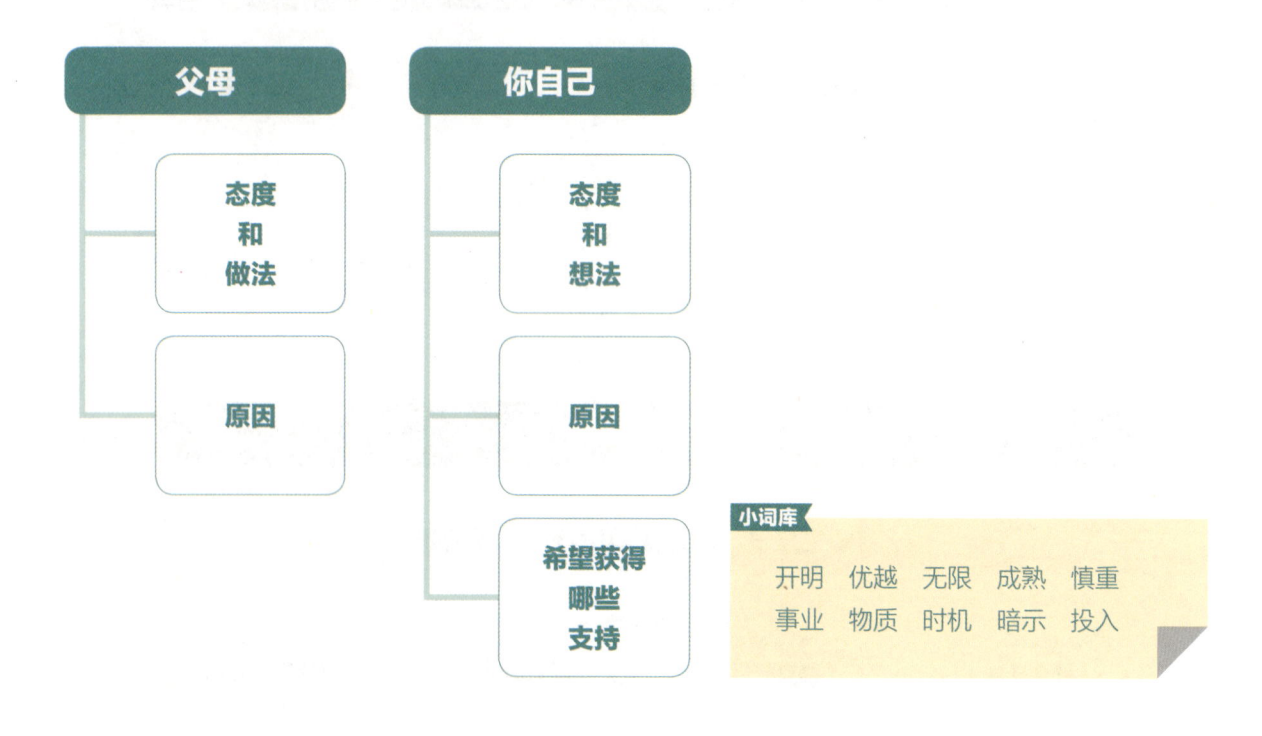

```
    父母              你自己
     │                 │
   态度               态度
    和                 和
   做法               想法
     │                 │
    原因              原因
                       │
                    希望获得
                    哪些
                    支持
```

小词库
开明　优越　无限　成熟　慎重
事业　物质　时机　暗示　投入

C 困难的选择。 🔊 4-4

↳ 听第三段录音，参考下图，总结张丽和李岩对于是否要第二个孩子的矛盾心理。

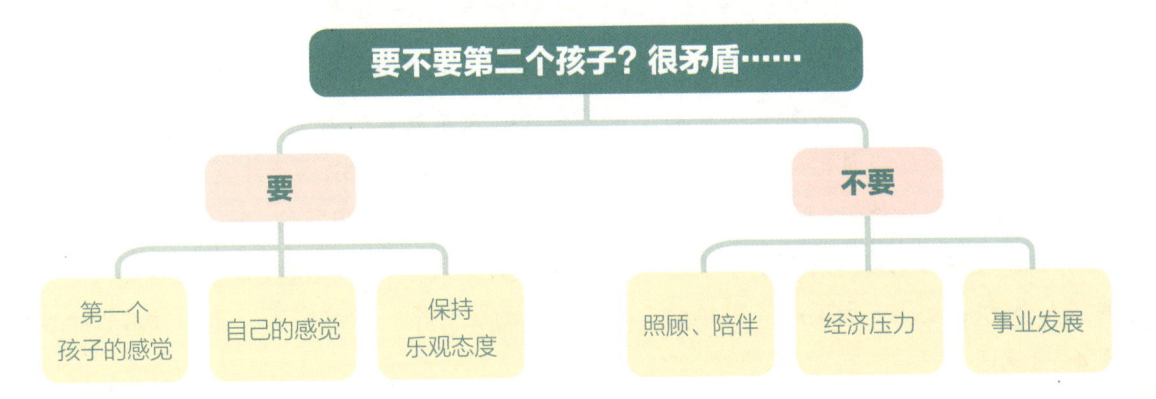

```
                要不要第二个孩子？很矛盾……
               ┌─────────────┴─────────────┐
               要                          不要
         ┌─────┼─────┐              ┌─────┼─────┐
      第一个  自己的  保持         照顾、  经济    事业
     孩子的   感觉   乐观态度       陪伴   压力    发展
      感觉
```

D 中国人的生育观念。

↳ 两人一组讨论：描述图表内容，说一说从 1950 年开始中国人的生育情况有什么变化。你觉得发生这种变化的原因可能有哪些？

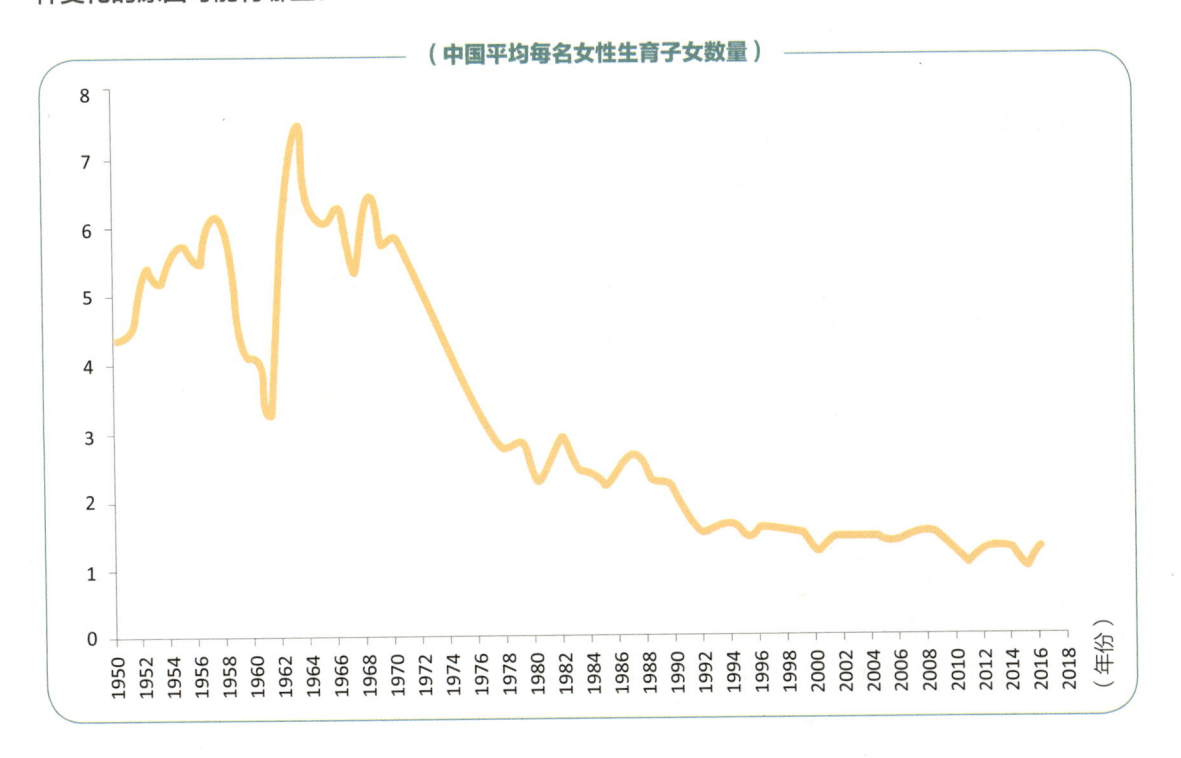

（中国平均每名女性生育子女数量）

↳ 阅读文章并回答问题。

- 中国人传统的生育观念是什么？
- 20 世纪 80 年代后，中国人的生育观念发生了什么变化？
- 什么政策对人们生育观念的变化有重要影响？
- 2013 年，中国的政策有什么改变？
- 政策改变后，中国人对生育的态度有没有马上发生变化？
- 经济发展是如何影响中国人的生育态度的？

- 女性地位的提高是如何影响中国人的生育态度的？
- 子女养育成本是如何影响中国人的生育态度的？

　　自古以来，中国人都认为：人多总是一件好事。对于国家来说，人口众多，才有足够的人进行生产，国家才能强大。对于家庭来说，大家庭意味着更多的劳动力，更多的收入。此外，家庭成员之间的互相帮助、支持也非常重要，所以多子才能多福。1949年前的中国，国家、社会、家庭和个人，对于生育的态度是基本相同的：人越多越好。

　　1949年以后的二十年间，人越多越好的观念在中国社会中继续存在。国家也更加强调"人多力量大"。除了经济困难的三年，中国的生育率一直非常高，平均每名女性生育4—8名子女。

　　长期的高生育率使中国人口飞速增加，影响了经济发展，带来了环境问题。20世纪70年代开始，中国政府开始重视人口过多的问题，开始鼓励人们晚结婚，少生育，提倡"一个不少，两个正好，三个多了"。到20世纪80年代，中国开始提倡"一对夫妇只生育一个孩子"，"只生一个好"。

　　"只生一个好"减少了中国的人口，也在后来的二三十年中慢慢改变了人们的生育观念。几十年来，中国的生育率都不是很高，2010年甚至只有1.18。虽然中国仍然是世界上人口最多的国家，但人口增速已经减慢。

　　人口减少有利也有弊。当一个国家的女性平均生育孩子总数量在2.1以下时，这个国家的人口总数将开始减少。同时，出生人口如果长期低于死亡人口，白发老人多于儿童，甚至多于儿童和青少年人数之和，结果将会非常可怕。人口减少后人们的消费能力下降，经济很难发展。经济情况变差又会带来更多的社会问题，例如老人可能工作到80岁还不能退休，退休后也得不到足够的照顾……

　　2011年起，中国的生育政策慢慢发生改变，一些家庭可以生育两名子女。有趣的是，国家的政策虽然发生了变化，大多数个人和家庭却仍然坚持"只生一个，甚至不生"的态度，生育率没有得到大幅提高。

　　中国人"少生、不生"的态度，既受计划生育政策的影响，也受经济发展和社会发展、子女养育成本等的影响。首先，随着经济和社会的发展，人们不再需要通过生孩子来为家庭增加劳动力；其次，随着经济的发展，更多女性开始参加工作和发展事业，女性的社会地位越来越高，生育子女的数量在减少，女性生育率甚至结婚率都变得越来越低；最后，养育子女的成本同时影响了夫妻双方的生育态度，在几十年前的中国，养育几个子女只需要保证他们都能吃饱饭，而现在养育一个子女已经需要付出很多的时间、金钱、精力。

　　生育观念很难马上改变。中国生育率低、出生人口少的情况，可能还会持续很长时间。

↘ 三至四人一组，参考上文和下图，谈一谈中国人生育情况的变化。

时期	影响原因	生育观念和生育率
1949 年前		
1949 年到 20 世纪 70 年代		
20 世纪 70 年代		
20 世纪 80 年代起		
2011 年起	1. 2. 3. 4.	
未来		

小词库

观念　态度　政策　经济　地位
成本　出生　生育率　少生　不生
只生一个好　人越多越好　人多是一件好事

第 4 课　生，还是不生？

i PRODUCE

产出

任务支持

下表中是本课学习的词语，供你在完成任务时选用。

我的表达需要	我的表达工具
关于生育、养育	生育　养育　陪伴　无限　怀孕　率
关于生育观念	长辈　媳妇　催　开明　暗示　自古以来
表达对生孩子的态度	及早　顺其自然　催　时机　慎重
说明选择是否生育、何时生育的原因	陪伴　孤苦伶仃　顺其自然　投入　优越　物质　无限　事业　政策　成本　税　福利　补贴

任务选择

任务一　我是演说家

这是某大型婚恋网站有关人们生育态度的一个问卷。请完成问卷，参考填写结果以"我的生育观"为题目发表演讲。现在中国很多婚恋网站都有这样的问卷，你可以上网查找更多问卷，作为演讲内容的参考。

要求：**1.** 时间为两分钟左右。**2.** 至少使用五个本课学习的词语。

婚恋个性问答——关于生育观

以下是单选题

Q1. 你以后是否想要孩子？

A. 想　　　　　　　　B. 不想　　　　　　　　C. 还没决定或者还没考虑过

Q2. 你期望的结婚年龄是多大？

A. 法律允许的最低年龄　B. 20—25 岁　　C. 25—30 岁　　D. 30—35 岁
E. 35—40 岁　　F. 40—45 岁　　G. 45 岁以上　　H. 还没决定
I. 没有想法，顺其自然

Q3. 你倾向于婚后几年要孩子？

A. 越早越好　　B. 1 年　　C. 2 年　　D. 3—4 年
E. 5—10 年　　F. 10 年以上　　G. 不要孩子　　H. 都可以，顺其自然

Q4. 你希望你的伴侣打算婚后几年要孩子？

A. 越早越好 B. 1 年 C. 2 年 D. 3—4 年

E. 5—10 年 F. 10 年以上 G. 不要孩子 H. 都可以，顺其自然

Q5. 你希望在什么年龄要孩子？

A. 20—25 岁 B. 25—30 岁 C. 30—35 岁 D. 35—40 岁

E. 40—45 岁 F. 45 岁以上 G. 还在考虑

I. 都可以，顺其自然 J. 已经决定不要孩子

Q6. 你认为谁应该主要负责养育你的孩子？

A. 主要是自己 B. 主要靠伴侣 C. 夫妻各一半 D. 自己的父母

E. 伴侣的父母

Q7. 你是否接受自己的父母来同住并帮你养育孩子？

A. 接受 B. 不接受 C. 还没决定或者还没考虑过

Q8. 你是否接受伴侣的父母来同住并养育你的孩子？

A. 接受 B. 不接受 C. 还没决定或者还没考虑过

Q9. 关于是否要孩子，你会考虑父母的意见吗？

A. 会 B. 不会 C. 不知道，说不好

Q10. 关于是否要孩子，你会考虑伴侣父母的意见吗？

A. 会 B. 不会 C. 不知道，说不好

Q11. 你的同龄人，特别是同龄又熟悉的亲友都有了孩子，你会感觉到压力吗？

A. 会 B. 不会 C. 不知道，说不好

Q12. 你怎么看待你的家庭和事业的关系？

A. 家庭第一，会为家庭牺牲事业 B. 尽量均衡事业与家庭

C. 可能会为事业牺牲家庭利益 D. 事业第一

Q13. 如果不考虑经济、年龄等条件，你最期望的是……

A. 丁克家庭（不要小孩儿） B. 单子女家庭

C. 双子女家庭 D. 不知道，说不好

E. 都可以，完全顺其自然

以下是多选题

Q14. **你将来生育孩子，可能的原因有哪些？**

A. 延续自己和家族的血脉　　　　　B. 扩大家族势力
C. 增加家里的劳动力　　　　　　　D. 养老
E. 让人生更完整　　　　　　　　　F. 增进夫妻感情
G. 体验做父母的乐趣　　　　　　　H. 伴侣想要孩子或者要求要孩子
I. 来自父母、社会等外界的压力

Q15. **什么原因会使你不生或少生孩子？**

A. 追求二人世界　　　　　　　　　B. 孩子影响自己事业的发展
C. 孩子影响自己的自由　　　　　　D. 怕养不起，经济条件不够
E. 怕投入的时间太多　　　　　　　F. 怕养不好，责任太大
G. 生育痛苦　　　　　　　　　　　H. 担心身材走样
I. 担心孩子不够健康、聪明　　　　J. 自己不喜欢孩子
K. 伴侣不喜欢孩子　　　　　　　　L. 其他（请写出：＿＿＿＿＿）

Q16. **伴侣以什么理由拒绝要孩子，你可以接受？**

A. 追求二人世界　　　　　　　　　B. 孩子影响自己事业的发展
C. 孩子影响自己的自由　　　　　　D. 怕养不起，经济条件不够
E. 怕投入的时间太多　　　　　　　F. 怕养不好，责任太大
G. 生育痛苦　　　　　　　　　　　H. 担心身材走样
I. 担心孩子不够健康、聪明　　　　J. 不喜欢孩子
K. 其他（请写出：＿＿＿＿＿）

任务二　主题采访

　　两至三人一组，使用本课词语和表达方式，选择两到三个采访对象（例如：决定不要孩子的中青年、担心经济条件不够的夫妻、犹豫不决的年轻人、催子女生育的老人……）。以"生，还是不生？"为主题，集体讨论并设计出针对不同对象的采访提纲，再进行采访。

任务三　实地调查

　　两至三人一组，对比自己国家或家乡的人们生育观念的变化历程、影响这种变化的因素以及与中国情况的异同，利用PPT等形式进行展示汇报。

评价

💡 **以下几个方面我做到了。（请画"√"，并简单说明。）**

☐ **1.** 我使用了新学的词语，比如：_____

☐ **2.** 我用到了课本中的一些内容，比如：_____

☐ **3.** 我说了几个很长的句子，比如：_____

☐ **4.** 我的发言，逻辑很清楚，主要结构是：

　　开头：_____

　　中间：_____

　　结尾：_____

☐ **5.** 我进行了文化对比，比如：_____

第5课 >>
宠物大家谈

i PREPARE

>> 驱动

宠物确实给人们带来了欢乐，但对主人来说也是一份责任。你将要看到的视频就是一个人谈他和自己宠物的故事。

牛刀小试

A 多人活动

三至四人一组讨论，说一说：你跟视频中的主人公一样也在养宠物吗？

如果养宠物，请说说你养的理由（至少三个）。有些人不养宠物，你认为他们不养的理由是什么（至少三个）？

如果不养宠物，请说出你不养的理由（至少三个）。有些人养宠物，你认为他们养的理由是什么（至少三个）？

养宠物的理由	不养宠物的理由
1.	1.
2.	2.
3.	3.

B 结果展示

以小组为单位，把讨论的结果向全班简要汇报。

学习目标

通过本课的学习，你将能够：

1. 理解和使用有关"宠物"的词语。
2. 分析人们养宠物和不养宠物的原因。
3. 表达自己对于养宠物的看法。

i EXPLORE

▶▶ 促成一对话

词语表 🔊 5-1

1	喂食	wèishí	动	给人或动物东西吃。给宠物喂食
2	零食	língshí	名	正常饭食以外的小食品。
3	懂事	dǒngshì	形	理解别人，明白道理。懂事的孩子
4	爱心	àixīn	名	爱护别人的思想感情。有爱心；爱心人士
5	责任心	zérènxīn	名	把事情做好的心情。有责任心；责任心强
6	洁癖	jiépǐ	名	过分讲究干净的癖好。有洁癖
7	嫌	xián	动	不满意。嫌脏；嫌吵
8	规律	guīlǜ	名	事物之间重复出现的内在联系。变化的规律
			形	有规律。生活规律
9	遛	liù	动	牵着动物慢慢走。遛狗
10	血压	xuèyā	名	血液的压力。血压高
11	做伴	zuòbàn	动	当陪伴的人。给……做伴
12	抑郁	yìyù	形	心里有烦恼，不能说出来而烦闷。心情抑郁
13	抑郁症	yìyùzhèng	名	一种精神上的疾病。
14	治疗	zhìliáo	动	用药物、手术等方法治病。治疗疾病
15	发呆	fādāi	动	专心想着一些事而对周围事物完全不注意。
16	清理	qīnglǐ	动	彻底整理或处理。清理垃圾；清理房间
17	猫砂	māoshā	名	猫上厕所用的物品，吸水性好。
18	胡思乱想	húsī-luànxiǎng		没有根据或远离实际地瞎想。
19	分享	fēnxiǎng	动	和别人一起享受。分享故事

第 5 课　宠物大家谈

A **听录音，用简单的话回答问题。** 🔊 5-2

1. 张丽觉得养猫以前儿子有什么问题？
2. 刘小姐的奶奶以前为什么反对养宠物？
3. 钱先生现在为什么晚上 11 点以前一定要睡觉？
4. 李女士的女儿现在每天回到家第一件事是做什么？

B 朗读对话,注意语音语调。 5-2

(最近张丽作为嘉宾接受了一个电台节目的采访,现在这期节目正在播出。)

主持人: 大家好,欢迎收听《宠物大家谈》。现在养宠物的人越来越多,宠物给人们的家庭生活带来了哪些变化呢?我们带着这个问题采访了几位嘉宾。第一位接受采访的是张女士,我们来听听她怎么说。

张丽: 我儿子今年 12 了。以前他不懂得关心别人。自从我们家养猫以后,他的变化还是挺大的。现在他经常帮着我给猫喂食、洗澡。我们上次出国旅行,在超市里买东西的时候,他专门去给猫挑了小零食做礼物。我觉得我儿子现在越来越懂事,变得有爱心、有责任心了。

主持人: 下面一位是刘小姐,讲的是她奶奶和她家的小狗大白的故事。

刘小姐：我奶奶有洁癖，以前特别反对养宠物。当我把大白带回家时，我奶奶差点儿没气病了，可是才过了两个星期，她老人家就完全变了。现在她不仅不嫌大白脏，还让大白和她睡一个房间。她不让任何人说大白的坏话，还会偷偷给它喂食。她每天和大白一起出去晒太阳，跟大白说话。自从我爷爷去世后，奶奶其实挺孤独的。有了大白的陪伴，奶奶又开心了起来。

主持人：下面这位钱先生在一家公司工作，他从去年开始养狗。

钱先生：养狗让我的生活变规律了。养狗以前我很少运动。现在我每天早上6点准时带它出去散步，差不多要走40分钟吧。我看过一篇新闻，上面说每天遛狗30分钟就能达到日常锻炼标准。以前我晚上12点以后睡觉是常事，早上一般7点半才起，根本没时间吃早饭。现在早上得遛狗，所以我每天晚上11点以前一定上床。第二天早上遛完狗还能吃个早饭。俗话说"早睡早起身体好"，现在我不但体重降下来了，连血压也不高了，工作的时候也不觉得那么累了。养狗不仅能给我做伴，还让我的身体变健康了。

主持人：最后一位是李女士，她家养宠物是为了给女儿治病。

李女士：我女儿一年前得了抑郁症。医生了解到她从小就喜欢猫，所以给的一个治疗建议就是让她养猫。在没有猫以前，我女儿回到家就静静地坐在沙发上发呆。但是现在她回到家第一件事就是喂猫，然后清理猫砂。此外，还要花费一个小时做特别的猫零食。她把小猫当成自己的妹妹。自从养猫以后，我女儿的病情减轻了不少，不会每天胡思乱想了。

主持人：刚才我们听了几位嘉宾的故事，了解到养宠物确实给很多人的生活带来了变化。听众朋友，如果您身边也有这样的故事并且愿意分享，欢迎您给我们节目留言。好，今天就到这里，咱们下期节目再见。

C 词语练习。

懂事　爱心　抑郁症　治疗

1. 养宠物对各类人群都有好处。对孩子来说，养宠物可以让他们变得有＿＿＿＿＿＿，越来越＿＿＿＿＿＿；对老人来说，有了宠物做伴，他们就不会再感到孤独；对＿＿＿＿＿＿病人来说，养宠物是一种积极的＿＿＿＿＿＿方法。

规律　遛　血压　胡思乱想

2. 养狗对人们的身体健康有好处，每天＿＿＿＿＿＿狗可以降低＿＿＿＿＿＿，达到日常锻炼的效果。为了＿＿＿＿＿＿狗，很多人都习惯了早睡早起，他们的生活变得更有＿＿＿＿＿＿。养狗对心理健康也有好处，可以帮助人们减轻精神压力，不再＿＿＿＿＿＿。

喂食　嫌　做伴　清理

3. 宠物给我们＿＿＿＿＿＿，给生活增添很多快乐。我们在享受快乐时，也要负起相应的责任，比如说＿＿＿＿＿＿、＿＿＿＿＿＿粪便等等，不能＿＿＿＿＿＿麻烦。总之，既然我们选择了养宠物，就要对它们负责。

D 根据对话内容回答下列问题，注意加点词语的用法。

1. 哪些事情让张丽觉得儿子变得有爱心、有责任心了？
2. 刘小姐的奶奶以前为什么会感到孤独，现在为什么不再孤独了？
3. 养狗以后钱先生的生活为什么变规律了？
4. "早睡早起身体好"这句话在钱先生身上得到了怎样的证明？
5. 对李女士的女儿，医生提出了什么治疗建议？治疗效果怎么样？

E 两人一组，用指定的词语回答问题。

1. 养宠物对孩子有哪些好处？（做伴，孤独，爱心，责任心，懂事）

> 和……做伴；给……做伴
> 不再孤独；减轻孤独感
> 有爱心和责任心；培养爱心和责任心
> 变得懂事；越来越懂事

2. 养宠物对人们的心理健康有哪些好处？（减轻，治疗）

> 减轻精神压力；心理压力得到减轻
> 治疗抑郁症；治疗心理疾病；治疗作用；治疗效果

3. 遛狗对人们的身体健康有哪些好处？（规律，血压，体重）

生活有规律；生活很规律

控制血压；降低血压

控制体重；减轻体重

F 两人一组，根据下表中的关键词说一说表中几个人养宠物后的变化。

	宠物	养宠物以前	养宠物以后	现在
张丽的儿子		（不）关心别人	喂食 洗澡 买零食	懂事 （有）爱心 （有）责任心
刘小姐的奶奶		洁癖 孤独	晒太阳 说话	（不）嫌 开心
钱先生		（不）运动	遛狗 早睡早起	生活规律 体重 血压 健康状况
李女士的女儿		抑郁症 发呆	喂食 清理 花费时间 做零食	病情减轻 （不）胡思乱想

G 三至四人一组，根据对话内容举例说明养宠物的好处，还可以补充对话中未提到的其他好处。请尽量使用小词库中的词语。用了哪个，请画"√"。

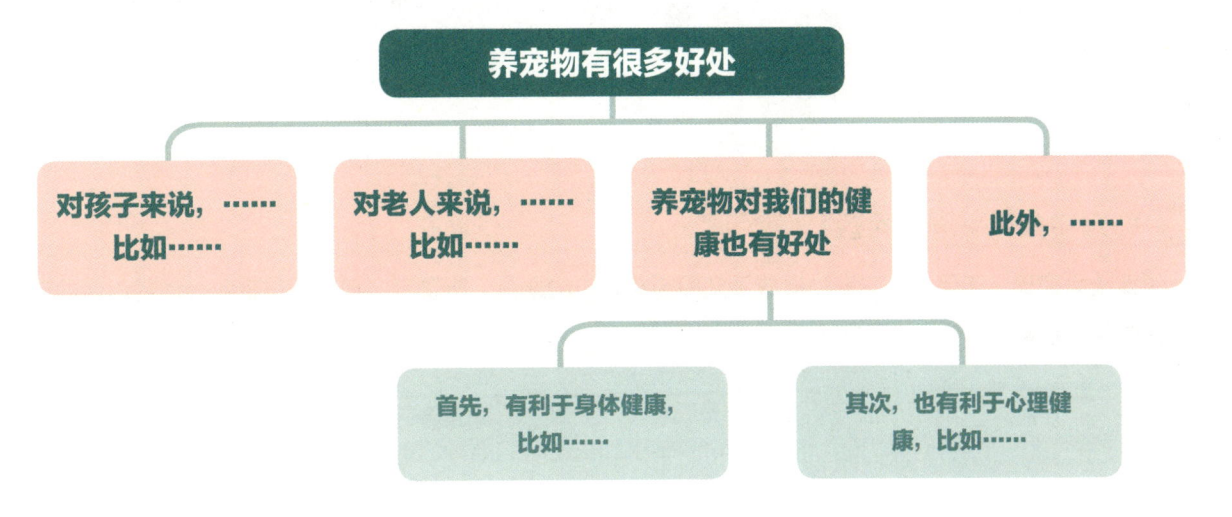

养宠物有很多好处

- 对孩子来说，……比如……
- 对老人来说，……比如……
- 养宠物对我们的健康也有好处
  - 首先，有利于身体健康，比如……
  - 其次，也有利于心理健康，比如……
- 此外，……

小词库

喂食　懂事　爱心　责任心　规律　遛狗　陪伴
减轻　孤独　清理
和……做伴

》促成—拓展

词语表 🔊 5-3

1	凶	xiōng	形	凶狠，可怕；厉害。叫得很凶
2	没完没了	méi wán méi liǎo		不结束，不停止。
3	扰民	rǎomín	动	打扰别人。
4	环卫工人	huánwèi gōngrén		在马路上打扫卫生的工作人员。
5	粪	fèn	名	屎，大便。
	粪便	fènbiàn	名	屎和尿，大便和小便。清理粪便
6	拴	shuān	动	用绳子等绕在物体上，再打上结。拴狗绳
7	志愿者	zhìyuànzhě	名	自愿为社会活动服务的人。
8	流浪	liúlàng	动	没有固定的住房和工作，到处转移。
9	救助	jiùzhù	动	援救和帮助。救助流浪狗
10	收养	shōuyǎng	动	把别人的儿女留下来当成自己家里的人来养，或把别人不要的宠物接到自己家里来养。
11	遗弃	yíqì	动	扔掉不要，丢弃。遗弃宠物
12	冲动	chōngdòng	形	情感特别强烈，不能控制自己。一时冲动
13	意识	yìshí	动	开始知道；看出来。意识到
14	寄养	jìyǎng	动	送到别处，让别人帮助养。
15	寄托	jìtuō	动	把理想、希望、感情等放在（某人或某种事物上）。把感情/希望寄托在……

A 养宠物会带来哪些问题？ 🔊 5-4

↳ "宠物大家谈"节目在第二期中播放了几段街头采访的录音。听录音，将被采访者和与他们对应的谈话内容连接起来。

| 居民 | 环卫工人 | 志愿者 | 公司白领 |

| 遗弃 | 扰民 | 寄养 | 不文明行为 |

↪ 再听一遍录音，根据听到的内容将下列词语填入对应表格。

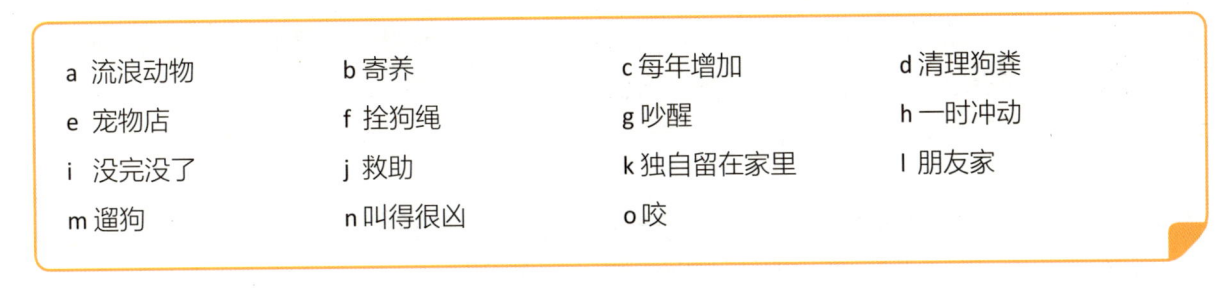

a 流浪动物	b 寄养
e 宠物店	f 拴狗绳
i 没完没了	j 救助
m 遛狗	n 叫得很凶

c 每年增加　　d 清理狗粪
g 吵醒　　h 一时冲动
k 独自留在家里　　l 朋友家
o 咬

居民	
环卫工人	
志愿者	
公司白领	

↪ 假设你们是记者，采访结束后对采访内容进行分析。三至四人一组，根据采访录音介绍养宠物带来的问题。请尽量使用小词库中的词语。用了哪个，请画"√"。

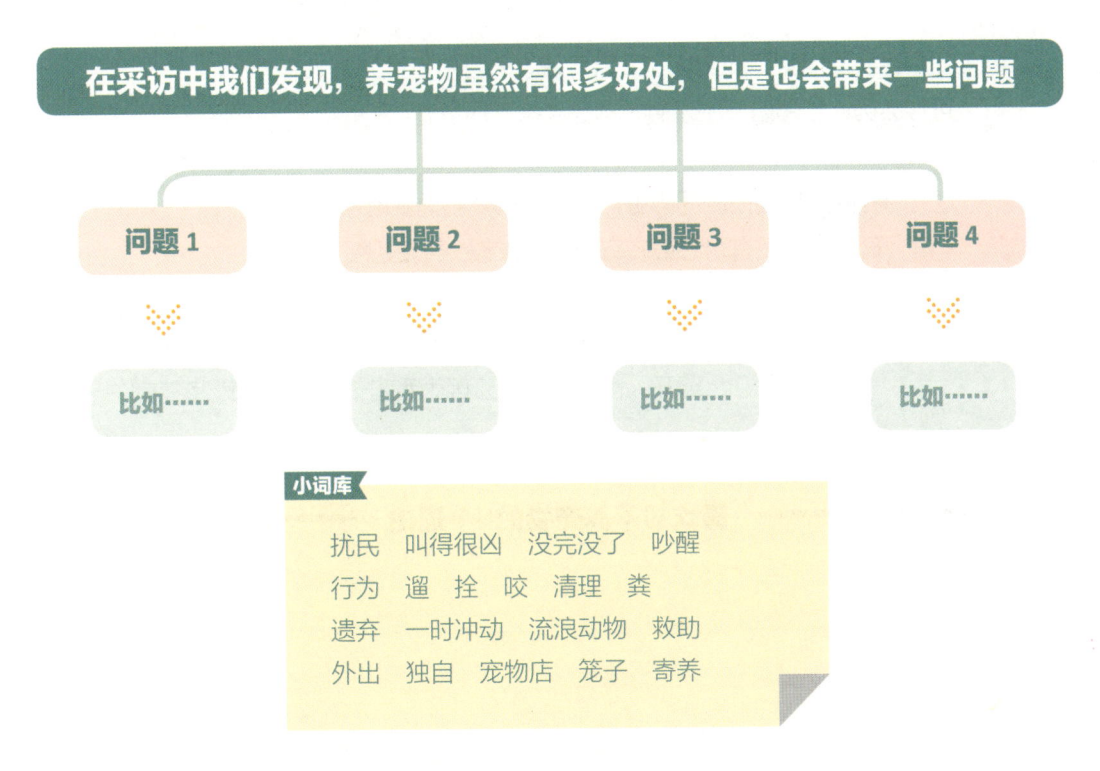

在采访中我们发现，养宠物虽然有很多好处，但是也会带来一些问题

问题1　　问题2　　问题3　　问题4

比如……　比如……　比如……　比如……

小词库

扰民　叫得很凶　没完没了　吵醒
行为　遛　拴　咬　清理　粪
遗弃　一时冲动　流浪动物　救助
外出　独自　宠物店　笼子　寄养

↪ 除了以上四个问题，养宠物还会带来哪些问题？请举例说明。

第 5 课　宠物大家谈

65

B 为什么不养宠物？

↘《宠物大家谈》第三期节目采访了一些不养宠物的人。记者在采访中发现，很多人不养宠物不是因为不喜欢，而是另有原因。请根据下面内容进行分析。

1. 两人一组，根据下面被采访人的谈话内容总结他们不养宠物的原因，把关键词填入框中。

> 我觉得养宠物跟养孩子一样，得有相关的知识。我不知道怎么照顾和喂养宠物，我怕养不好。

> 经常加班、经常出差的上班族根本就没时间照顾自己的宠物。

> 养宠物是要花钱的。宠物食品、宠物用品、宠物美容、宠物寄养、宠物医院……没钱还真养不起。

> 我喜欢宠物，我妈讨厌宠物。虽然我妈可能是因为还没遇到对的宠物，但是目前不喜欢就是不喜欢，不同意就是不同意。

> 如果养了爱叫爱跑的宠物，又管不住，就可能打扰到别人，可能会因此和邻居产生矛盾，这是大家不愿意看到的。

> 有的宠物会把房间弄脏弄乱，有的宠物需要时常清理粪便，没有耐心或者有洁癖的人都会无法忍受。

> 养宠物，养的时间越长感情越深。根本无法想象它们的离开，也不能接受。因为我害怕失去，所以我不养。

喜欢却不养宠物的N个理由

-
-
-
-
-
-

2. 人们喜欢宠物却不养的理由，除了上面这些还有其他的吗？

C 角色扮演：养还是不养？

↘ 两至三人一组，A 扮演有宠物的人，向其他人介绍自己的宠物。B 扮演喜欢宠物也很想养的人。A（或者 A 和 C）根据 B 的情况帮 B 分析他 / 她是否适合养宠物。

要求：

- 展示至少一张宠物的照片。
- 对话内容包括养宠物的好处及存在的问题，最后做出"养"或者"不养"的决定。
- 每人至少使用五个本课学习的词语。
- 各组表演时，其他同学勾选他们用过的词语，并记录他们的最后选择。

喂食　懂事　爱心　责任心　 洁癖　嫌　孤独　陪伴 规律　遛（狗）　做伴　治疗 清理　减轻　胡思乱想　早睡早起身体好	凶　扰民　粪 / 粪便　主人 拴（狗绳）　咬　流浪　救助 遗弃　冲动　意识　寄养 没完没了
最后选择：养（　　　　　　）	不养（　　　　　　）

D 看图说话：中国养宠物人群调查。

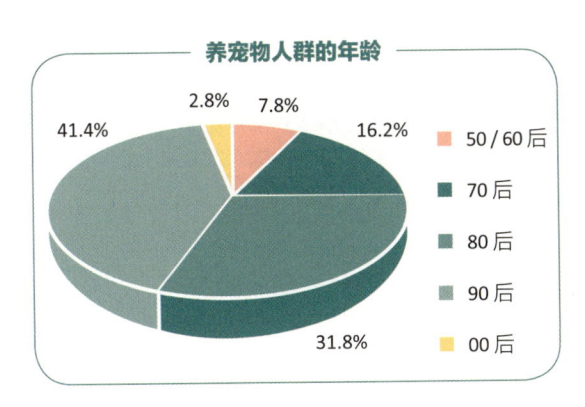

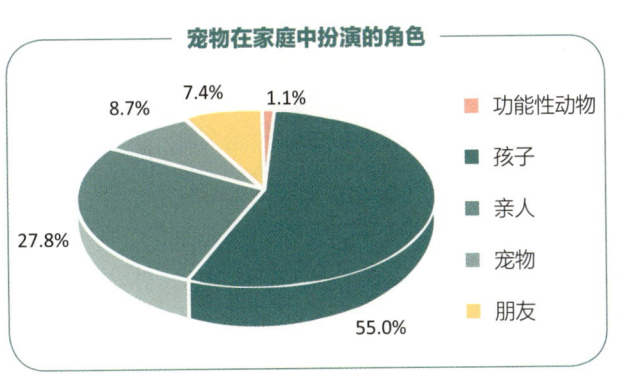

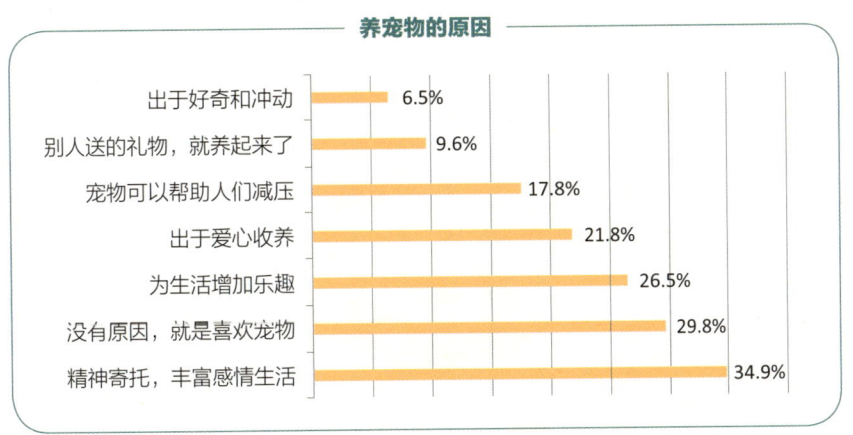

养宠物人群的年龄

- 50 / 60 后 2.8%
- 70 后 7.8%
- 80 后 16.2%
- 90 后 31.8%
- 00 后 41.4%

宠物在家庭中扮演的角色

- 功能性动物 1.1%
- 孩子 55.0%
- 亲人 27.8%
- 宠物 8.7%
- 朋友 7.4%

养宠物的原因

- 出于好奇和冲动　6.5%
- 别人送的礼物，就养起来了　9.6%
- 宠物可以帮助人们减压　17.8%
- 出于爱心收养　21.8%
- 为生活增加乐趣　26.5%
- 没有原因，就是喜欢宠物　29.8%
- 精神寄托，丰富感情生活　34.9%

第 5 课　宠物大家谈

↳ 两人一组，根据上面三个图表分析中国养宠物人群的特点，用所给结构说一段话。

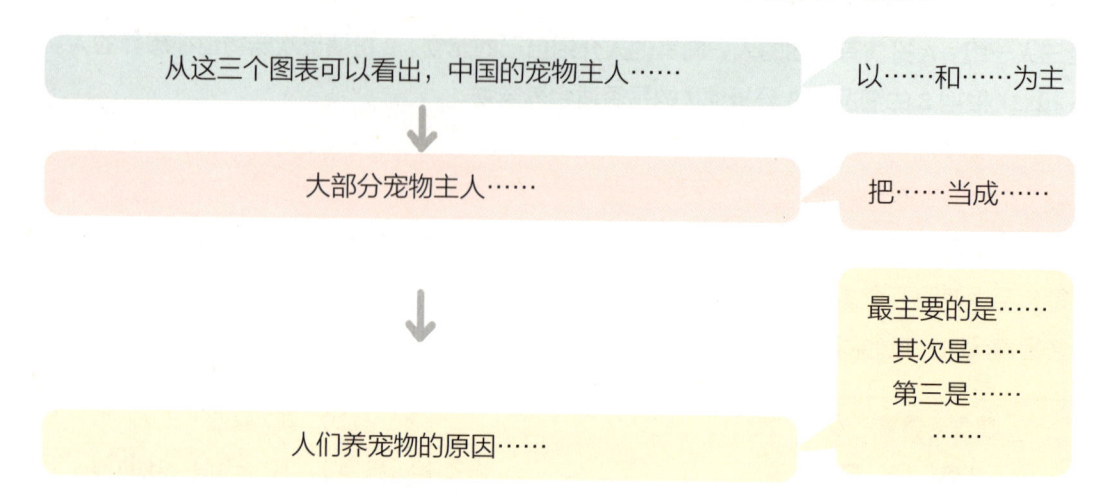

从这三个图表可以看出，中国的宠物主人…… 以……和……为主

↓

大部分宠物主人…… 把……当成……

↓

人们养宠物的原因…… 最主要的是……
其次是……
第三是……
……

↳ 有人根据这三个图表得出一个结论：现在的年轻人越来越孤独了。三至四人一组讨论：人们为什么会得出这个结论？对这个问题你怎么看？请尽量使用小词库中的词语。用了哪个，请画"√"。

小词库

孤独　做伴　陪伴　寄托　结交　成家　交流　减压
感情　精神　信任　家庭　事业　压力　成本

i PRODUCE

产出

任务支持

下表中是本课学习的词语，供你在完成任务时选用。

我的表达需要	我的表达工具
描述养宠物的日常	粪　粪便　喂食　清理　遛（狗）　拴（狗绳）　零食　猫砂 洁癖　嫌　意识　冲动　好奇
说明养宠物对人的帮助	规律　血压　爱心　责任心　孤独　早睡早起身体好　发呆　分享　懂事 陪伴　做伴　治疗　减轻　寄托　抑郁　抑郁症　胡思乱想
描述养宠物带来的问题	扰民　凶　没完没了　流浪　遗弃　救助　寄养　收养 环卫工人　志愿者

任务选择

任务一　我是演说家

以"养宠物之我见"为题做一个演讲，围绕"养宠物"这个话题发表自己的观点，并结合自己的实际情况，说明自己养或不养宠物的理由。

要求：1. 时间为两分钟左右。2. 至少使用五个本课学习的词语。

任务二　宠物大家谈

五至六人一组，模拟电视谈话节目《宠物大家谈》，一人扮演主持人，其他人扮演节目嘉宾。

要求：1. 尽量使用本课学习的词语。2. 从以下话题中选择一个。

▶ 话题参考

1. 要不要养宠物？
2. 我为什么养/不养宠物？
3. 为什么很多年轻人养宠物？

任务三　实地调查

三至四人一组进行小组调查，如果在中国，则采访两至三个中国人；如果不在中国，则采访两至三个身边的朋友。分析哪些因素影响了他们的选择，最后得出你们的结论。

▶ 调查问题参考

1. 你是否养宠物？为什么？
2. 你认为宠物在家庭生活中扮演什么角色？

第 5 课　宠物大家谈

69

评价

☀ 你觉得你表现得怎么样？请为自己的表现评出相应的等级。

评价项目	完全不同意	不太同意	一般	比较同意	完全同意
① 我能听懂电台节目内容和对话录音，回答相关问题。	☹	☹	😐	🙂	😊
② 我能参考结构图和小词库，举例说明对话中提到的养宠物的好处、养宠物带来的问题。	☹	☹	😐	🙂	😊
③ 我还能想到课本中没有提到的其他养宠物的好处、养宠物带来的问题。	☹	☹	😐	🙂	😊
④ 我能分析总结人们喜欢却不养宠物的原因。	☹	☹	😐	🙂	😊
⑤ 我能根据图表信息，分析中国养宠物人群的特点，讨论现在的年轻人是否越来越孤独。	☹	☹	😐	🙂	😊

☀ 请简单说说你的收获。

1. 关于"养宠物"这个话题，有一些以前想说但不会说的词语/句子，我现在知道怎么表达了，比如：

2. 关于"养宠物"这个话题，我想到了一些课本中没有的观点，比如：

3. 在完成产出任务时，我的表达逻辑清楚，主要结构是：

   开头：
   中间：
   结尾：

第 **6** 课 >>

健康最重要

i PREPARE

》》驱动

生活方式与我们的身体健康有着很大的关系。近年来，一些不健康的生活方式导致了很多疾病的产生，请观看一段视频。

牛刀小试

A 双人活动

两人一组讨论，说一说：视频中这些不健康的生活方式产生的原因是什么？请分别说出至少三点，把关键词填写在下表中。

不健康的生活方式	产生原因
1.	1.
2.	2.
3.	3.

B 结果展示

以小组为单位，把讨论的结果向全班简要汇报。

学习目标

通过本课的学习，你将能够：

1. 理解和使用有关"生活方式或身体状况"的词语。
2. 分析不健康的生活方式产生的原因。
3. 结合你们国家的实际情况，给出关于健康生活方式的建议。

i EXPLORE

》》促成一对话

词语表 🔊 6-1

1	太阳从西边出来了	tàiyáng cóng xībian chūlái le		比喻发生了和平时不一样的事情或者情况。
2	顾不上	gùbushàng		形容很忙，没有时间做其他事情。顾不上吃饭；顾不上睡觉
3	废寝忘食	fèiqǐn-wàngshí		没有时间睡觉，忘记吃饭，形容非常专心、努力。
4	黑眼圈	hēiyǎnquān	名	因睡眠不足而眼眶发黑。有黑眼圈
5	嘱咐	zhǔfù	动	告诉别人记住应该怎样，不应该怎样。
6	劳逸结合	láoyì jiéhé		劳动和休息结合进行。
7	开夜车	kāi yèchē		比喻为赶时间，在夜间继续学习或工作。习惯开夜车；经常开夜车
8	好了伤疤忘了疼	hǎole shāngbā wàngle téng		比喻做了错事没有吸取教训，后来仍然做了同样的错事。
9	吸取	xīqǔ	动	吸收获取。吸取经验；吸取教训
10	吃得消	chīdexiāo		能支持；受得了。
11	贷款	dàikuǎn	名	银行借出的钱。
			动	银行等借钱给用钱的人。
12	拼命	pīnmìng	副	尽最大的力量；极度地。拼命工作；拼命干活儿
13	提神	tíshén	动	使精神兴奋。靠咖啡提神
14	忽视	hūshì	动	不注意；不重视。忽视健康；忽视某人的嘱咐
15	状况	zhuàngkuàng	名	事物表现出来的样子。健康状况；学习状况

第 6 课 健康最重要

73

A 听录音，用简单的话回答问题。🔊 6-2

1. 许欣然最近为什么忙得连饭也顾不上吃？
2. 周雪松他们现在有什么压力？
3. 周雪松锻炼身体的方式有哪些？
4. 王晴晴的表哥为什么每天拼命地工作？

B 朗读对话，注意语音语调。 6-2

（周雪松正在操场锻炼身体，这时王晴晴和许欣然也来了。）

周雪松：今天真是太阳从西边出来了。欣然可是个"宅女"，怎么跟你一起来了？

王晴晴：她今天是被我拉来的。

许欣然：是这样的，我不是想考博士嘛，这段时间常常看起书来就忘了时间。晴晴今天出去了一天，回到宿舍发现我还坐在那儿看书，就把我拉出来了。

王晴晴：雪松，你知道她这一个多月是怎么过的吗？告诉你的话，会吓你一跳。

周雪松：最近这些日子我都没在食堂见过她,她是不是忙得连饭都顾不上吃了?

王晴晴：可不是嘛,最近不管是工作日还是周末,她都已经学得废寝忘食了。你看看这黑眼圈多严重!

许欣然：哈哈,你说的都是事实。有你这么好的同屋,我真是幸运。上周我生病了,还是你带我去医院的。

王晴晴：是啊,医生也嘱咐你要注意劳逸结合,不要开夜车,生活和饮食都要规律。还让你增加运动量,不要总待在宿舍。可是你呢?好了伤疤忘了疼,身体刚好,又开始熬夜了。

周雪松：咱们现在的压力确实比较大,一方面要准备毕业论文,一方面还要找工作或者考博,但是也别忘了健康最重要,得适当运动。

许欣然：你们说的都对!哎,雪松,听晴晴说,你挺喜欢锻炼身体,不是来操场跑步,就是去体育馆打球、游泳。

周雪松：这是因为我吸取了以前的教训。

许欣然：什么教训啊?

周雪松：上大学时,为了准备各种考试和论文,我不太注意运动,更不注意生活方式,常常在电脑前一坐就是几个小时,已经很疲劳了也不去休息。我还有熬夜的坏习惯,早上根本起不来,总是急急忙忙地赶去上课,甚至顾不上吃早饭。

王晴晴：这样的生活方式身体哪里吃得消啊?

第6课 健康最重要

75

周雪松：是啊，后来我得了严重的胃病，别提多惨了。从那以后，我就开始注意锻炼身体，改变自己不健康的生活方式了。

王晴晴：欣然，你看，生活方式对健康太重要了。这让我想起我的表哥。他买了房子，为了还贷款每天拼命地工作，加班已经成为习惯，困了就喝咖啡提神，饿了就泡方便面吃，还有抽烟的坏习惯。时间长了，身体不出毛病才怪呢。

许欣然：是啊，我也一直只顾着学习和考试，完全忽视了健康的重要性！

王晴晴：我记得在哪里看过这样一句话，说一个人现在的生活方式会决定他20年后的身体状况。所以面对学习和工作的压力，我们更需要健康的生活方式。

C 词语练习。

顾不上　废寝忘食　黑眼圈　开夜车　状况

1. 为了考博士，许欣然最近常常＿＿＿＿＿。你看她，眼睛都有＿＿＿＿＿了，好像熊猫一样。她忙起来连饭也＿＿＿＿＿吃，真是到了＿＿＿＿＿的程度，得想办法改变这种＿＿＿＿＿。

嘱咐　劳逸结合　好了伤疤忘了疼　提神

2. 小周去医院看病，医生＿＿＿＿＿他一定要好好休息，病好了以后也不能＿＿＿＿＿。对小周来说最重要的是合理安排时间，注意＿＿＿＿＿，困了就要休息，不能靠咖啡来＿＿＿＿＿，该吃饭就得吃饭，生活一定得有规律。

吸取　贷款　拼命　忽视

3. 小张在这个城市＿＿＿＿＿买房子以后，每天都＿＿＿＿＿地工作，加班已经成为习惯了，生活一点儿也不规律。这种生活状况让他别提多惨了，上周他生病去了医院，医生不仅给他开了药，还给了他一些建议。小张也认为要＿＿＿＿＿教训，不能再＿＿＿＿＿健康的重要了。

D 根据对话内容回答下列问题，注意加点词语的用法。

1. 周雪松为什么说"今天真是太阳从西边出来了"？
2. 为什么王晴晴说许欣然已经"废寝忘食"了？
3. 医生嘱咐许欣然要注意什么？
4. 王晴晴为什么说许欣然"好了伤疤忘了疼"？
5. 周雪松吸取了上大学时的什么教训？
6. 王晴晴的表哥每天是怎么拼命工作的？
7. 王晴晴看过一句话，是关于人的身体状况由什么决定的，那句话是怎么说的？

E 两人一组，用指定的词语回答问题。

1. 许欣然最近的生活状况怎么样？（顾不上，废寝忘食，黑眼圈）

> 顾不上吃饭；顾不上睡觉；顾不上跟朋友联系
> 已经废寝忘食了；到了废寝忘食的程度
> 因为熬夜长出了黑眼圈；黑眼圈很严重；黑眼圈越来越重

2. 医生对许欣然的嘱咐包括哪些方面？（劳逸结合，开夜车，规律）

> 做到劳逸结合；注意劳逸结合
> 避免开夜车；不要开夜车；少开夜车
> 生活要有规律；一定得有规律

3. 王晴晴的表哥买房子后的工作和生活状况怎么样？（贷款，拼命，提神）

> 还贷款；向银行贷款
> 拼命工作；拼命干活；拼命挣钱
> 靠……提神；为了提神

F 三至四人一组说一说：对话里提到许欣然、周雪松、王晴晴表哥的哪些不健康的生活方式？分别是什么原因造成的？

	哪些不健康的生活方式	导致了什么结果	是什么原因造成的
许欣然	• 不管_____还是_____，她……，都有了_____	• 上周……，……	• _____
周雪松	• 常常……，已经……也…… • 还有_____的坏习惯，……，甚至……	• 严重的_____	• 上大学时为了……，……

（续表）

	哪些不健康的生活方式	导致了什么结果	是什么原因造成的
王晴晴的表哥	• 每天……，加班…… • 困了……，饿了……，他还有_____的坏习惯	• 身体出毛病	•

G **角色扮演**：两人一组，选择一个场景，表演场景中的内容。请尽量使用小词库中的词语。用了哪个，请画"√"。

1. 许欣然在从学校医院回来的路上遇到了周雪松，两个人在讨论他们各自不健康的生活方式和这些不健康的生活方式产生的原因。
2. 王晴晴去看望生病的表哥，了解了表哥买房子后的工作和生活情况。

> **小词库**
>
> 吸取　贷款　拼命　提神　状况　规律
> 顾不上　开夜车　吃得消　黑眼圈
> 废寝忘食　劳逸结合

›› 促成—拓展

词语表 🔊 6-3

1	**不良**	bùliáng	形	不好。不良生活习惯；不良饮食习惯
2	**缺乏**	quēfá	动	（所需要的、想要的或应该有的事物）没有或不够。缺乏锻炼；缺乏运动
3	**升学**	shēngxué	动	由低一级的学校进入高一级的学校。升学压力
4	**神经**	shénjīng	名	一种身体组织，可以传递兴奋的状态。神经紧张；神经兴奋
5	**咽炎**	yānyán	名	咽喉部的一种病。
6	**颈椎**	jǐngzhuī	名	颈部的椎骨。颈椎病
7	**体检**	tǐjiǎn	动	身体检查。体检正常；体检合格
8	**干眼症**	gānyǎnzhèng	名	一种眼睛干涩的病。
9	**鼠标**	shǔbiāo	名	鼠标器的简称。
10	**酸痛**	suāntòng	形	（身体）又酸又痛。

A 头脑风暴。

↘ 五人一组说一说：你有没有下面这些不良生活方式或不好的身体状况？讨论一下它们产生的原因。其他人在下表中为同伴提到的内容画"√"或记录关键词。

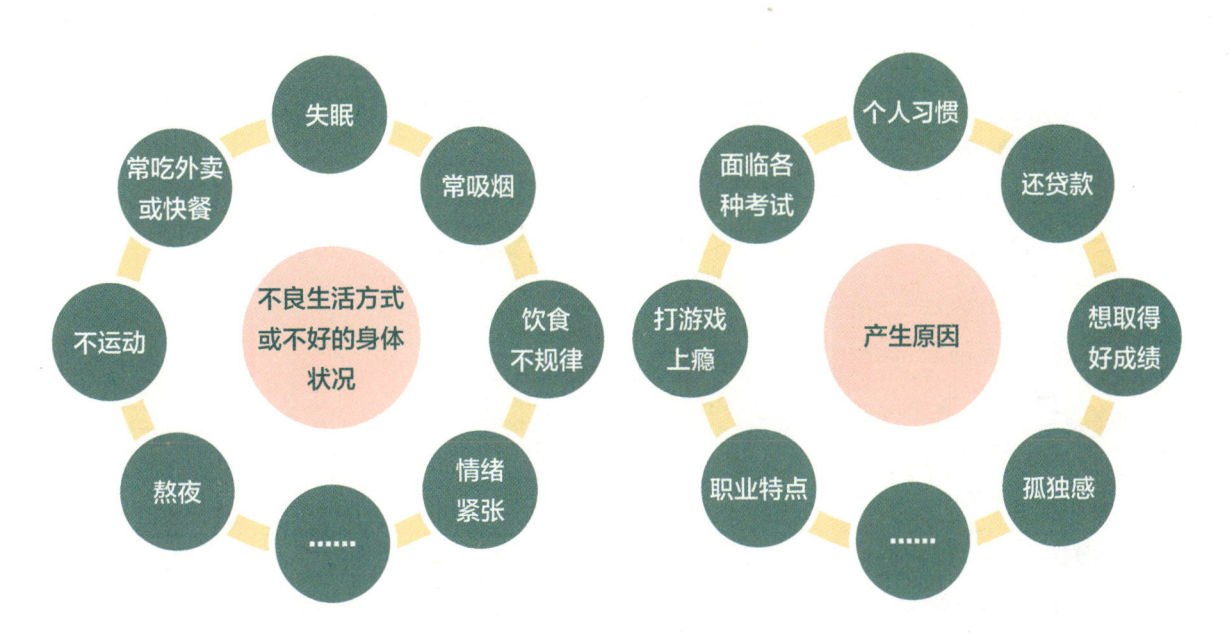

不良生活方式或不好的身体状况：失眠、常吸烟、饮食不规律、情绪紧张、……、熬夜、不运动、常吃外卖或快餐

产生原因：个人习惯、还贷款、想取得好成绩、孤独感、……、职业特点、打游戏上瘾、面临各种考试

		同伴1	同伴2	同伴3	同伴4
不良生活方式或不好的身体状况	失眠				
	常吸烟				
	饮食不规律				
	情绪紧张				
	熬夜				
	不运动				
	常吃外卖或快餐				
	其他				
产生原因	个人习惯				
	还贷款				
	想取得好成绩				
	孤独感				
	职业特点				
	打游戏上瘾				
	面临各种考试				
	其他				

第6课 健康最重要

B 生活与健康。 🔊 6-4

➡ 《生活与健康》栏目的记者采访了三个人，分别是高科技公司青年职员、中年教师、在校研究生。听录音，并完成练习。

1. 听录音，勾选被采访者的不良生活方式或不好的身体状况。

	高科技公司青年职员	中年教师	在校研究生
经常加班			
神经高度紧张			
开夜车			
颈椎病			
整天对着电脑工作			
顾不上喝水			
缺乏锻炼			
经常点外卖			
把零食、水果当成正餐			
体检结果不好			

2. 三人一组，假设你们是记者，向观众介绍三位受访者的情况。

	哪些不良生活方式	导致了什么结果	是什么原因造成的
高科技公司青年职员	• _____、_____都已经……，吃饭…… • 整天……，忙起来……	• 身体吃不消 • _____	• 为了……，不得不……，…… • 总想趁着……
中年教师	• 除了……，都是……，缺乏_____ • 神经……	• _____ • 情绪……	• 来自社会和学生家长的压力 • 来自自己孩子学习成绩的压力
在校研究生	• 天天_____，白天……，晚上……，简直是_____ • 经常……，有时候……，……	• _____结果不好	• 临近毕业，她们得一边……一边……

小词库

房贷　拼命　缺乏　顾不上　开夜车
升学　咽炎　情绪　神经　颈椎病
博士　论文　外卖　规律　零食

C 看图说话。

↘ 一个长期从事办公室工作的职员身体出现了问题。两人一组，参考下图完成练习。

1. 她出现的问题可能是哪些不良生活方式造成的？这些不良生活方式产生的原因可能是什么？

	不良生活方式	产生原因
干眼症、鼠标手、肩颈部酸痛		
咽炎		
失眠、抑郁		

2. 参考下图，将上面的分析结果总结成一段话。

```
……使她的身体出现了问题
```

- 因为……，她肩颈部常常（　　　），手变成了（　　　），还得了（　　　）
- 因为……，她得了（　　　）
- 因为……，她还出现了（　　　）、（　　　）的问题

D 如何改变不良生活方式和不好的身体状况？

不良生活方式

与生活习惯有关
- 熬夜
- 久坐
- 上厕所玩手机
- 困了靠咖啡提神

与饮食习惯有关
- 三餐不规律
- 常吃外卖
- 饭菜多油多盐
- 零食代替正餐
- 饮料代替水

不好的身体状况

与工作有关
- 干眼症
- 鼠标手
- 颈椎病

与情绪有关
- 失眠
- 抑郁
- 焦虑

第 6 课　健康最重要

专家建议

针对不良生活习惯	• 学习健康常识，养成健康的生活习惯 • 不因为自己年轻就忽视身体健康
针对不良饮食习惯	• 学习健康常识，增强健康意识 • 养成一日三餐的规律的饮食习惯
针对与工作有关的不好的身体状况	• 合理安排工作和休息时间，注意劳逸结合 • 在电脑中设置休息时间提醒
针对与情绪有关的不好的身体状况	• 找好朋友聊天儿，做自己喜欢做的事情 • 培养兴趣爱好，加强体育锻炼

➥ 四人一组讨论：除了专家提到的这些办法，请结合你们国家的情况为解决下列问题提出一些建议。

针对不良生活习惯	
针对不良饮食习惯	
针对与工作有关的不好的身体状况	
针对与情绪有关的不好的身体状况	

➥ 选择人们的一些不良生活方式或者不好的身体状况，参考下图分析它们产生的原因，并给出解决办法。

发现问题 ➡ **分析原因** ➡ **提出建议**

- 人们在生活中常常会有一些不良生活方式，比如……；也会有一些不好的身体状况，比如……

- 造成这些不良生活方式和不好的身体状况有多种原因，比如……，……，……

- 针对不同的健康问题，比如如果你的情绪有问题，你可以……
- 针对不良的生活方式，比如如果你有不良的饮食习惯，你可以……；……

i PRODUCE

》产出

任务支持

下表中是本课学习的词语，供你在完成任务时选用。

我的表达需要	我的表达工具
关于生活方式 或身体状况	黑眼圈　开夜车　拼命　顾不上　提神　状况 不良　神经　咽炎　颈椎（病）　酸痛 干眼症　鼠标（手）　吃得消　废寝忘食
说明不良生活方式 或不好的身体状况产生的原因	考博　论文　贷款　升学　竞争　压力　忽视　缺乏
关于解决办法	劳逸结合　吸取　规律　嘱咐　养成　合理　增加　增强　体检
其他	太阳从西边出来了　好了伤疤忘了疼

任务选择

任务一　我是演说家

每人做一个演讲，结合自己的实际情况说一说生活中的不良生活方式或不好的身体状况，及它们产生的原因。

要求：**1.** 时间为两分钟左右。**2.** 至少使用八个本课学习的词语。

任务二　角色扮演

四至五人一组，其中三人扮演咨询人，一至两人扮演专家。在《生活方式与健康》节目的现场，几位咨询人分别谈到自己目前存在的一些不良生活方式或不好的身体状况，专家现场分析问题并提出解决问题的具体建议。

咨询人：大学毕业生　高校教师　公司白领

任务三　实地调查

三至四人一组，调查以下几类人生活中存在的不良生活方式及这些不良生活方式产生的原因，然后一起讨论并给出一些合理的建议。

第一类人：在校大学生

第二类人：中学老师

第三类人：到城市打工的人

评价

💡 **你觉得你表现得怎么样？请为自己的表现评出相应的等级。**

评价项目	完全不同意	不太同意	一般	比较同意	完全同意
① 对于"健康"这个话题，我能说的内容很多。	☹	☹	😐	🙂	😊
② 有一些词语、结构，我现在知道怎么表达。	☹	☹	😐	🙂	😊
③ 我可以说很长的句子。	☹	☹	😐	🙂	😊
④ 我可以说得很有逻辑。	☹	☹	😐	🙂	😊
⑤ 我完成了学习目标1：理解和使用有关"生活方式或身体状况"的词语。	☹	☹	😐	🙂	😊
⑥ 我完成了学习目标2：分析不健康的生活方式产生的原因。	☹	☹	😐	🙂	😊
⑦ 我完成了学习目标3：结合你们国家的实际情况，给出关于健康生活方式的建议。	☹	☹	😐	🙂	😊

第7课

今天你晒了没有？

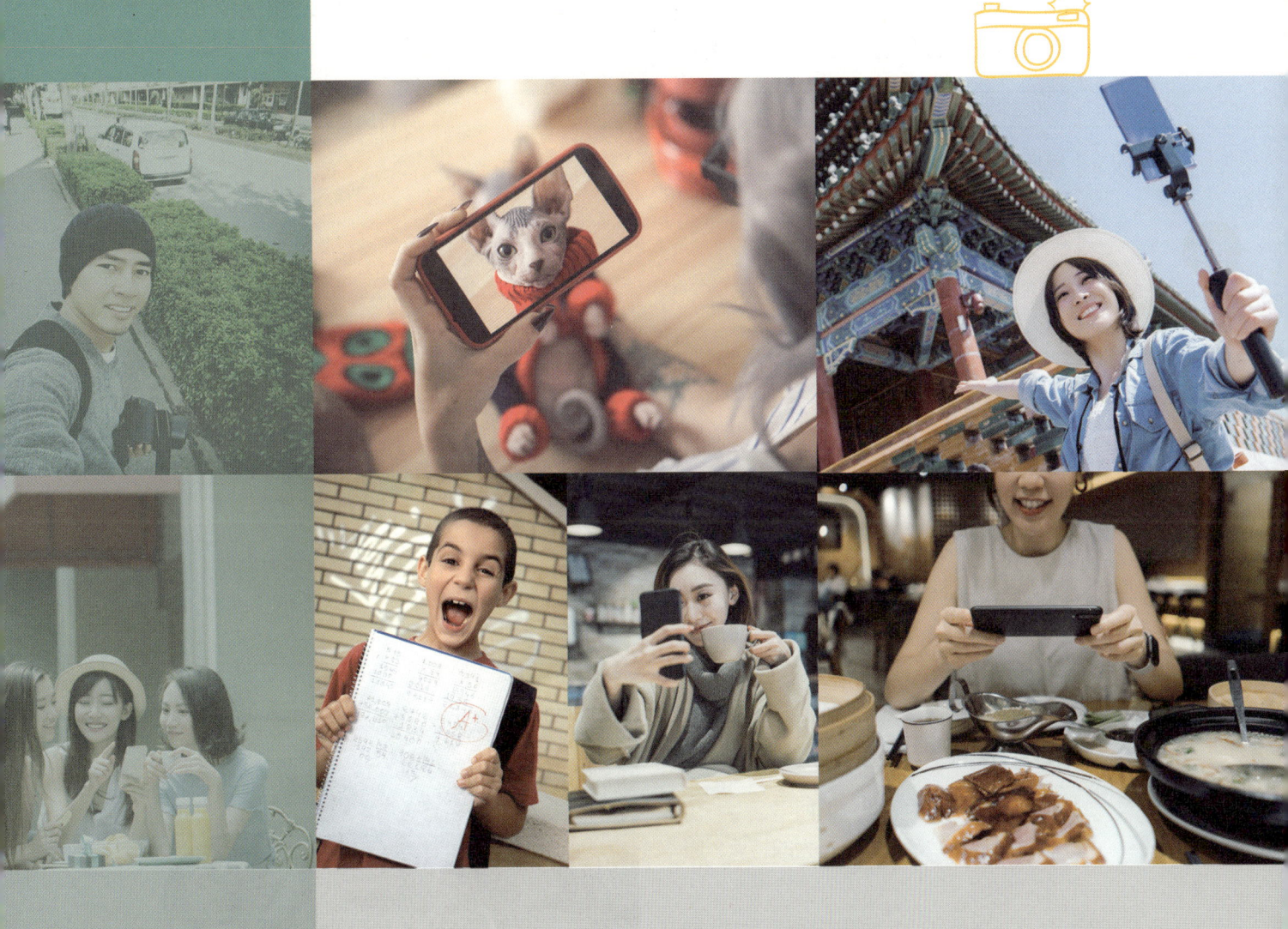

i PREPARE

》驱动

现在，很多人会在网上晒出自己的生活。你也会这样吗？请看两段视频，看看大家会晒什么，又讨厌别人晒什么。

牛刀小试

A 双人活动

两人一组讨论，说一说：视频中的人们自己比较喜欢晒什么？讨厌看到别人晒什么？你对这两个问题的回答是什么？把关键词填写在下表中。

自己比较喜欢晒	讨厌看到别人晒
视频中：	视频中：
你：	你：

B 结果展示

以小组为单位，把讨论的结果向全班简要汇报。

学习目标

通过本课的学习，你将能够：

1. 理解和使用有关"晒"的词语。
2. 描述和评价"晒"这一行为的特点、原因、影响。
3. 结合心理学知识，解释、评价"晒"这一新时代网络社交行为。

i EXPLORE

》》促成一对话

词语表 🔊 7-1

1	秀	xiù	动	摆出来或表演给人看。秀照片；秀成绩
2	恩爱	ēn'ài	形	（夫妻）相亲相爱。恩爱夫妻；秀恩爱
3	晒	shài	动	把自己的信息或东西公开给大家看（多指在互联网上）。晒旅游照片；晒幸福
4	暴露	bàolù	动	隐蔽的事物、情况、问题等显现出来。暴露隐私；暴露问题
5	娃	wá	名	孩子。晒娃；带娃
6	乐意	lèyì	形	满意；愉快。感到不乐意；不乐意的样子
7	忍	rěn	动	把感情或突然产生的想法压住，不表现出来。忍住；忍不住；忍着不说
8	独乐乐不如众乐乐	dú yuè lè bùrú zhòng yuè lè		一个人欣赏音乐的快乐，没有大家一起欣赏音乐的快乐那么多。形容大家一起分享的快乐才是最大的快乐。
9	奢侈品	shēchǐpǐn	名	不是必要的而且非常贵的物品。秀奢侈品；晒奢侈品
10	住宅	zhùzhái	名	居住的房屋。豪华住宅；住宅情况
11	优越感	yōuyuègǎn	名	感觉自己胜过别人而产生的心理。有优越感；产生优越感
12	人士	rénshì	名	对社会有影响的人。成功人士；知名人士
13	反感	fǎngǎn	形	厌恶；不满。感到反感
14	嫉妒	jídù	动	因别人胜过自己而产生怨恨心理。嫉妒别人；心生嫉妒
15	赞赏	zànshǎng	动	赞美和欣赏。赞赏他人；获得赞赏
16	光鲜	guāngxiān	形	让人称赞的。光鲜的生活；光鲜的一面
17	展示	zhǎnshì	动	清楚地摆出来；明显地表现出来。展示自己的生活；展示内心
18	负	fù	形	小于零的；不好的。
19	能量	néngliàng	名	人显示出来的活动能力。负能量；正能量
20	无病呻吟	wúbìng-shēnyín		呻吟，指生病时的低哼。没病而发出生病时的哼哼声，比喻没有值得忧伤的事情却叹息感慨。

第 7 课 今天你晒了没有？

87

A 听录音，用简单的话回答问题。 🔊 7-2

1. 网友为什么早就猜到那对明星夫妻感情出问题了？
2. 网上晒娃有什么问题？
3. 田梦自己不晒，但是喜欢看别人晒什么？看了以后她感觉怎么样？
4. 田梦为什么不反对晒宠物？
5. 丁思思觉得有些人晒东西不只是为了分享快乐，还为了什么？

B 朗读对话，注意语音语调。 🔊 7-2

（宿舍里，丁思思和田梦都在上网。）

丁思思：田梦，快来看，又一对明星夫妻宣布分手了！

田梦：又一对？哦，这俩啊！他们不是挺好的吗？怎么就分手了？

丁思思：其实好多网友早就猜到他俩感情出问题了。这半年他们都没秀恩爱，也没晒过一家人的合影，都只晒自己和孩子。

田梦：这么说，他们的家庭问题早被人看得一清二楚了？网上晒东西暴露的隐私真是太多了，我就不喜欢晒。另外，我觉得他们尤其不该晒孩子的照片。网上什么人都有，晒娃可能有危险。

丁思思：对，孩子的父母是名人，危险可能更大，孩子的生活也可能会被打扰。再说，孩子虽然现在意识不到什么是隐私，长大后看见网上都是自己小时候的照片，心里可不一定会乐意！但问题是，有多少父母能忍住不晒娃呢？很多家长都忍不住，天天晒个不停，有时候一天能看到好几条，看得我真是有点儿不耐烦……哎，你在听我说吗？又在看什么呢？哈哈，你又在看朋友晒的宠物照片啊！

田梦：你看，这些猫猫狗狗多可爱！宿舍不让养宠物，我即使只能看看别人晒的，也觉得过瘾。

丁思思：你倒是不反对晒宠物。

田梦：宠物又不是孩子！再说，猫猫狗狗哪有不可爱的呢？让人宠爱，才是"宠"物。所以，晒宠物一定能给大家带来快乐！"独乐乐不如众乐乐"！

丁思思：分享快乐当然好。不过，我是觉得有些人可不只是为了分享快乐而晒，还多多少少有点儿炫耀的意思，想让别人羡慕自己。

田梦：那也要看晒的是什么了。有些人经常在网上晒自己用什么奢侈品、住什么豪华住宅、花多少钱去旅游度假，有时候就是想显示优越感，显示自己是成功人士，这种我就比较反感。我看他们得到的也不全是羡慕，恐怕还有嫉妒。有些人晒的是学习成绩、健身记录，那应该主要还是想分享自己的快乐，另外可能也是想要获得别人的认可、肯定和赞赏，这种我一般会鼓励一下，给他们点个"赞"。

第 7 课 今天你晒了没有？

89

丁思思：说来说去，这些不同的"晒"也都是把自己生活中光鲜的一面放在网上。

田梦：你别说，还真有一些人爱展示那些不光鲜的。他们在网上抱怨自己的生活不顺心，一次两次还好，多了就有点儿传播负能量了。明明没什么太大的烦恼，却在那儿无病呻吟。所以，我是光鲜的、不光鲜的一律不晒，从不担心别人怎么看。不跟你聊了，我得接着看朋友圈里的"小可爱"了。你要不要跟我一起看？咱俩一起"众乐乐"？

C 词语练习。

忍　住宅　优越感　光鲜

1. 人们往往会_____不住上网晒出自己生活中美好、_____的一面。例如幸福家庭的合影、豪华的_____、愉快的旅游经历等。这可能只是为了分享快乐，独乐乐不如众乐乐。也可能是有点儿想炫耀，希望通过展示自己的生活，获得一种_____。

暴露　娃　乐意　人士

2. 网上晒_____可能有很多问题甚至危险。首先，孩子现在虽然还不懂什么是隐私，但长大后上网看到这些照片很可能不_____；其次，这可能_____太多自己和孩子的信息；最后，网上有各种各样的人，你并不知道那个爱看儿童照片的"朋友"会不会是个"问题_____"。

秀　恩爱　赞赏　展示

3. 不太自信的人需要经常获得他人的肯定和_____，否则他们就会烦恼，甚至怀疑自己。所以有的人会不断在网上_____ _____，有的人经常在网上宣布自己又有什么好消息，还有的人总在网上_____自己工作、学习、健身等各方面的进步。

忍　展示　负能量　无病呻吟

4. 很多人会在网上藏起自己的不快乐，即使有烦恼也_____着不说。他们担心，如果在网上_____出一个"不够好"的自己，会被人批评或者笑话。而且不好的经历和情绪晒多了，可能不但没人安慰，还会让人觉得是在传播_____ _____，或者是一种_____。

D 根据对话内容回答下列问题，注意加点词语的用法。

1. 那对明星夫妻晒的照片，暴露了什么？
2. 看到别人晒娃，丁思思为什么会觉得不耐烦？
3. 为什么田梦说晒宠物是"独乐乐不如众乐乐"？
4. 田梦为什么反感人们晒奢侈品、豪华住宅？
5. 人们秀学习成绩和健身记录，可能有哪些原因？
6. "生活中光鲜的一面"包括什么？
7. 什么样的做法可能会被批评为"无病呻吟"？

E 两人一组，用指定的词语回答问题。

1. 人们喜欢上网做什么？（晒，秀，展示）

> 晒娃；晒自拍；晒宠物；晒（……的）合影；晒奢侈品；晒（……的）成绩；
> 晒成功经历；晒幸福；晒美好生活
> 秀自拍；秀恩爱；秀成绩；秀幸福；秀奢侈品；秀豪华住宅（豪宅）
> 展示奢侈品；展示幸福生活；展示成功经历

2. 看到人们在网上晒东西，其他人可能是什么态度？（赞赏，嫉妒，反感）

> 赞赏他人；表示赞赏
> 忍不住嫉妒；有点儿嫉妒
> 觉得反感；感到反感；忍不住有些反感；多多少少有点儿反感

3. 人们上网晒自己的美好生活，对别人和对自己可能有哪些好处？（独乐乐不如众乐乐，能量，赞赏）

> 分享快乐，"独乐乐不如众乐乐"；分享幸福，"独乐乐不如众乐乐"
> 增加正能量；传递正能量；减少负能量
> 获得赞赏；十分赞赏

4. 网上的各种"晒"，可能有哪些问题？（暴露，无病呻吟，嫉妒，反感）

> 暴露隐私；暴露太多信息；暴露孩子的信息；暴露个人情况；暴露个人信息
> 总是无病呻吟；被人说是无病呻吟
> 引起嫉妒；招来嫉妒；让别人嫉妒
> 引起反感；令人反感

F 晒与不晒。

↪ 三人一组,根据对话内容描述人们"晒"的内容和原因,可以有所补充。请尽量使用小词库中的词语。用了哪个,请画"√"。

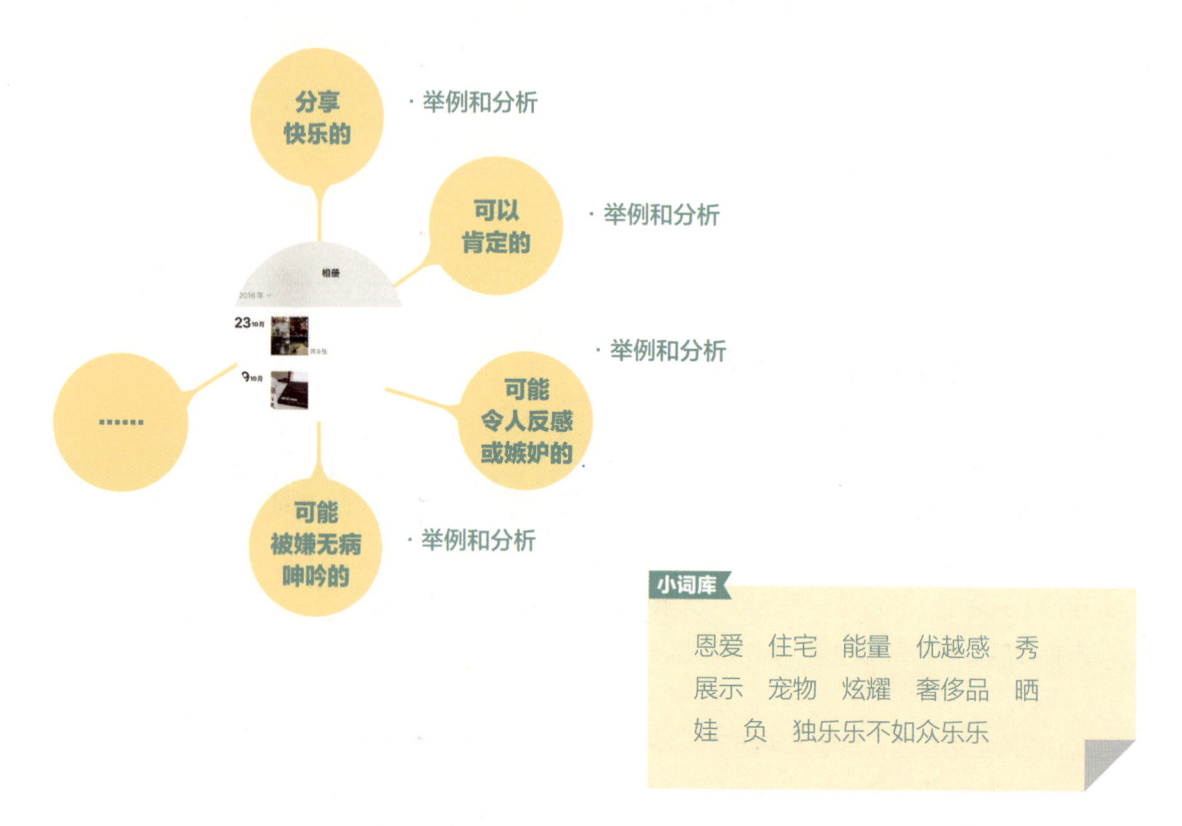

- 分享快乐的 · 举例和分析
- 可以肯定的 · 举例和分析
- 可能令人反感或嫉妒的 · 举例和分析
- 可能被嫌无病呻吟的 · 举例和分析

小词库

恩爱　住宅　能量　优越感　秀
展示　宠物　炫耀　奢侈品　晒
娃　负　独乐乐不如众乐乐

↪ 三人一组,根据对话内容描述一些人拒绝上网晒自己生活的原因,可以有所补充。请尽量使用小词库中的词语。用了哪个,请画"√"。

- 带来危险
- 暴露隐私
- 引起反感、嫉妒
- 被批评无病呻吟

小词库

乐意　优越感　负　能量
烦恼　嫌　炫耀　秀　晒　安全

G 看与不看。

➥ 四人一组讨论：为什么有些人不喜欢看别人在网上晒东西？请尽量使用小词库中的词语。用了哪个，请画"√"。

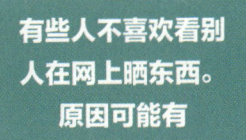

有些人不喜欢看别人在网上晒东西。原因可能有	首先，可能是反对"晒"这种行为，觉得会……，所以自己不晒，也反对别人晒
	第二，可能是……无聊，……
小词库	第三，可能是……，不想看别人的生活比自己好
暴露　浪费　嫌 信息　隐私 自信　安全	……

➥ 四人一组讨论：看别人在网上晒东西的人，喜欢看什么内容？不喜欢看什么？请尽量使用小词库中的词语。用了哪个，请画"√"。

很多人喜欢看别人在网上晒东西。比如

看明星……　　　看朋友……　　　看陌生人……

⌄

有时候，他们看到别人分享幸福和快乐，自己也会觉得快乐，正如古语所说……

⌄

可是有时候，他们看完后并不觉得快乐。比如

看到……会觉得……　　看到……会感到……　　看到……可能……

小词库

隐私　烦恼　恩爱　宠物　光鲜
炫耀　暴露　娃　秀　嫌　优越感
无病呻吟　独乐乐不如众乐乐

➥ 四人一组说一说：你们经常看别人在网上晒东西吗？如果不看，原因是什么？如果看，不喜欢看别人晒什么？为什么？

第 7 课　今天你晒了没有？

93

促成—拓展

词语表 7-3

1	通知书	tōngzhīshū	名	把事情告诉别人的书信。大学录取通知书；收到录取通知书
2	隐藏	yǐncáng	动	藏起来，不让别人发现。隐藏起来；隐藏不住
3	打码	dǎ mǎ		在电子文件上用技术手段挡住某个信息。给……打码；在……上打码
4	频繁	pínfán	形	次数多的。交往频繁；频繁往来；频繁发生
5	删除	shānchú	动	去掉。删除资料；删除文件
6	证书	zhèngshū	名	证明资格或权利等的文件。毕业证书；发证书；晒证书
7	舞台	wǔtái	名	供演员表演的台子。登上舞台
8	反馈	fǎnkuì	动	（信息等）返回。做出反馈；收到反馈
9	类似	lèisì	动	比较相像。和……类似；……类似于……
10	局部	júbù	名	一部分；不是全体。局部隐藏；局部展示

A 我眼中的"晒"。 7-4

➥ 根据录音中三人的叙述，总结人们都晒了哪些东西，完成表格。

	人们都晒了什么
警察	1. 2. 3.
中学生	1. 2.
心理医生	1. 2. 3.

➥ 录音中的三人对人们的"晒"有什么态度和看法？参考下面选项完成表格。请尽量使用小词库中的词语。用了哪个，请画"√"。

- a 孩子的照片是……，父母不能随心所欲地晒
- b ……并没有用
- c 在……背后，有……
- d 信息只要晒出来，就……
- e 已经晒出来的必须……
- f 真不明白……
- g ……很危险
- h 除了照片，……也是孩子的……
- i 自古以来……，现在……
- j ……损失

	态度和看法
警察	1. 2. 3.
中学生	1.（1） 　（2） 　（3） 　（4） 2.
心理医生	1. 2.

小词库

暴露　打码　表演　删除　忍不住
光鲜　真实　隐私　舞台

B **角色扮演：应该怎么晒？**

↳ 三至四人一组，选择一个场景，参考对话内容和前面听到的第一段、第二段录音表演场景中的内容。请尽量使用小词库中的词语。用了哪个，请画"√"。

场景一　警察做网络安全讲座，听众提出问题。

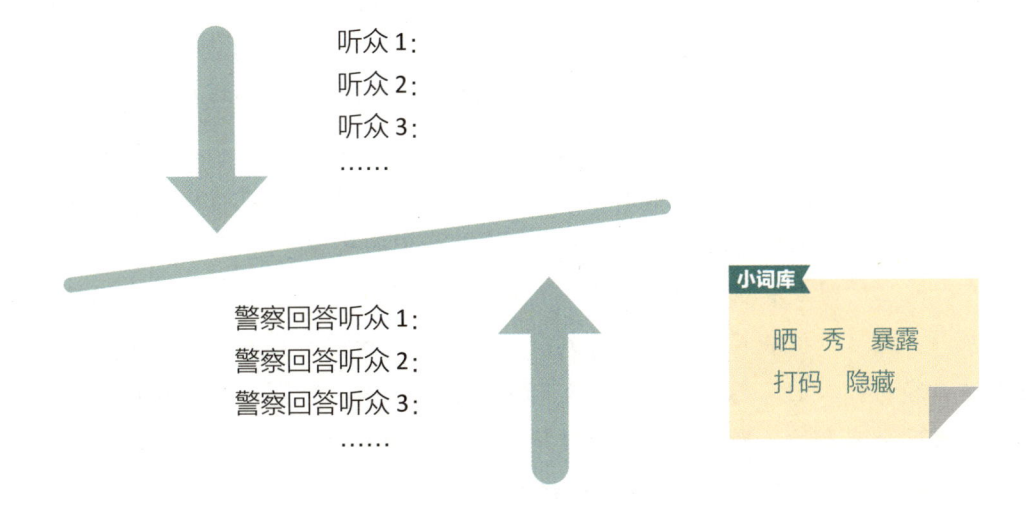

听众1：
听众2：
听众3：
……

警察回答听众1：
警察回答听众2：
警察回答听众3：
……

小词库

晒　秀　暴露
打码　隐藏

第 7 课　今天你晒了没有？

95

场景二　父母与子女交流。交流的内容可以是：为什么要晒子女的照片和学习情况？应不应该晒？以前晒出的内容要不要删除？

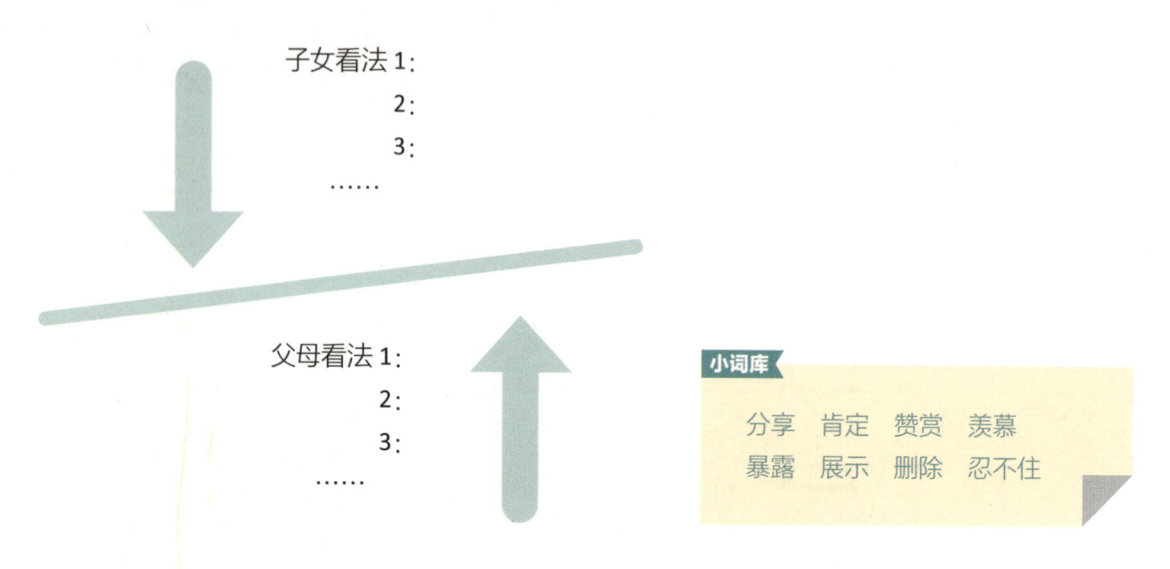

子女看法 1：
2：
3：
……

父母看法 1：
2：
3：
……

小词库

分享　肯定　赞赏　羡慕
暴露　展示　删除　忍不住

C 阅读文章，回答问题。

网晒心理学

人们每天发出的信息里，有 30%—40% 是关于自己的，而到了社交平台上，这个数字就是 80% 以上了。你秀秀自己，我说说自己，晒娃、晒美食、晒风景、晒心情、晒想法……每天的生活里，到处都是来自自己和别人的"晒"。有人认为这是一种新的"流行病"，也有人认为这其中有有趣的"网晒心理学"。

人类是高度依赖交流的社会动物。很好地表达自己，可以拉近自己和其他人的关系，得到一些积极的反馈，让自己表现得更好，最终可以获得心理上的快乐。人们还往往通过与他人的比较来认识和提高自己，这更有利于人们的发展，也能刺激人们的意识，获得类似于快乐的感觉。虽然在过去的很长一段时间里，人类只能进行小范围、点对点的交流，但这些表达和比较的需要，已经深深印在了我们的头脑中。

现在，网上的听众和观众的数量是庞大的。在几个小时甚至几分钟的时间里，我们晒出的东西，就可以被成百上千的人看到。几千年来，通过自我表达和表现获得快乐从来没有这么容易，人们又怎能不废寝忘食晒个不停？同时，跟别人随时随地进行比较，也从来没有这么容易过。别人可以随时随地了解你晒出的自己，你也不得不看到别人晒出的信息。即使你没有意识到，比较也已经开始了。

不幸的是，提供局部的、夸张的或者不真实的信息，同样从来没有这么容易过。你只看到朋友晒事业有成，却看不到他熬夜加班，全身是病；你只看到同学满世界旅游，晒出的照片上，风景和人都十分美丽，又怎么知道照片放大了太阳又放大了眼睛；你只看到明星晒出甜蜜爱情，大秀恩爱之后再宣布两个人要更进一步，开始谈婚论嫁，却不会知道其实他们刚刚吵完架，决定拍完这部电影就宣布分手……真实生活本来就有光鲜也有灰暗，可一发布在社交平台上，就变成了认真挑选出的甚至修改出的最美片段。灰暗被全部隐藏，光鲜被集中展示。与之相比，你自己的生活就显得不够精彩、不够幸福。

我们忍不住自我表现，我们忍不住对他人的生活好奇，我们也忍不住有意无意地比较，但我们可以学习一点儿"网晒心理学"，让自己在晒和比较中，更聪明更快乐。

↳ 两人一组，参考下图和小词库回答：心理学上是如何解释人们上网晒东西的行为的？

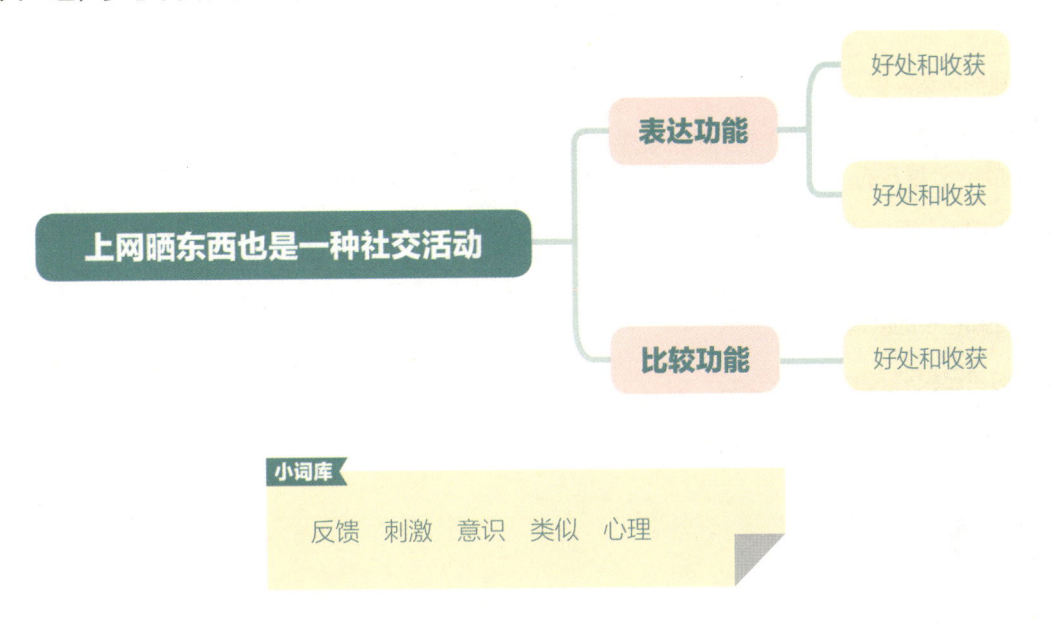

```
上网晒东西也是一种社交活动 ─┬─ 表达功能 ─┬─ 好处和收获
                          │            └─ 好处和收获
                          └─ 比较功能 ─── 好处和收获
```

小词库

反馈　刺激　意识　类似　心理

↳ 两人一组，参考下图和小词库回答：随着科技进步，自己上网晒东西和看别人晒，相对于以前点对点的社交活动有哪些特点？

```
         对比过去
    ┌───────┼───────┐
 表达的变化  比较的变化  内容的变化
  时间      随时随地    信息
  成百上千    ……       ……
  ……
```

小词库

无限　意识　局部　光鲜　夸张
隐藏　随时随地

第 7 课　今天你晒了没有？

97

i PRODUCE

》产出

任务支持

下表中是本课学习的词语，供你在完成任务时选用。

我的表达需要	我的表达工具
描述"晒"的内容、种类、处理方式	秀　晒　恩爱　娃　奢侈品　住宅　光鲜　通知书　证书　负能量　无病呻吟　隐藏　打码　删除　人士
说明上网晒东西的原因	展示　忍　（需要得到）赞赏　反馈　优越感　舞台　类似
说明上网晒东西的好处和存在的问题	独乐乐不如众乐乐　（得到）赞赏　反馈　暴露　嫉妒　优越感　频繁　局部
表达对自己和别人上网晒东西的态度、看法、回应	乐意　赞赏　反馈　忍　嫉妒　反感

任务选择

任务一　实地调查

采访同学或者周围的朋友，调查他们对在网上晒东西的态度、看法，看看他们属于哪类人：喜欢晒也喜欢看；喜欢晒但不喜欢看；不喜欢晒但喜欢看；不喜欢晒也不喜欢看。

要求：1. 至少调查四人。2. 完成两至三分钟的个人口头报告。3. 至少使用五个本课学习的词语。

▶ 调查问题参考

1. 你喜欢上网晒东西吗？（如果不，为什么？）
2. 你一般晒什么？你不会晒什么？
3. 你喜欢看别人晒东西吗？（如果不，为什么？）
4. 你喜欢看别人晒什么？不喜欢看别人晒什么？

任务二　"心理咨询"互助交流会

很多人不断把自己真实的生活和别人晒出的生活进行比较，觉得自己的生活总是没有别人的那么美好、光鲜，因而产生了很大的压力和烦恼。假设大家在参加一个"心理咨询"互助交流会，大家轮流说出自己的苦恼，希望能一起面对，互相鼓励，共同解决问题。

先自己进行发言准备，再四至六人一组，在"心理咨询"互助交流会上发言。

▶ 发言准备

整理自己将要倾诉的内容或者可能听到的倾诉，以及对这些倾诉的回应或建议，把有关内容填入下表。

倾诉	回应或建议
例：不要一直看别人晒什么，那只是他们生活中好的一面。这个我明白，可是说归说，一上网还是忍不住要看看朋友们今天又晒了什么。	例：人总是要和别人交往、比较，这很正常。问题是现在上网太方便，在网上晒东西和看别人晒也都太方便了，我们可以多学习、运动，少上网。

任务三 文化对比

在"晒"这个问题上，可能有各种需要注意的方面。各个国家的情况有的相同，有的不同。比如这些方面：关于信息安全、他人隐私、儿童权益等问题的法律、法规；风俗、社会习惯。两至三人一组，查阅资料，采访来自不同国家的朋友，完成调查和对比。

评价

💡 你觉得你表现得怎么样？请为自己的表现评出相应的等级。

评价项目	完全不同意	不太同意	一般	比较同意	完全同意
① 对于"晒"这个话题，我能说的内容很多。	☹	☹	😐	🙂	😀
② 有一些词语、结构，我现在知道怎么表达。	☹	☹	😐	🙂	😀
③ 我可以说很长的句子。	☹	☹	😐	🙂	😀
④ 我可以说得很有逻辑。	☹	☹	😐	🙂	😀
⑤ 我完成了学习目标1：理解和使用有关"晒"的词语。	☹	☹	😐	🙂	😀
⑥ 我完成了学习目标2：描述和评价"晒"这一行为的特点、原因、影响。	☹	☹	😐	🙂	😀
⑦ 我完成了学习目标3：结合心理学知识，解释、评价"晒"这一新时代网络社交行为。	☹	☹	😐	🙂	😀

第8课 >>

闲话说"瘾"

i PREPARE

▶▶ 驱动

你有没有什么特别的喜好？当它影响你的生活时，你有没有尝试过改变它？假设你和中国朋友看电视时看到下面这段视频，朋友问你："要是你身边也有家人或者朋友有特别的'瘾'，你有什么好方法帮助他们戒除吗？"你会怎么回答？

牛刀小试

A 双人活动

两人一组讨论，说一说：视频中的姥姥和小雨为什么吃那么多鱼片和牛肉干？
如果让你帮助姥姥和小雨戒"瘾"，你会怎么办？把关键词填写在下表中。

姥姥为什么吃那么多鱼片	
小雨为什么吃那么多牛肉干	
你会怎么帮助姥姥戒"瘾"	
你会怎么帮助小雨戒"瘾"	

B 结果展示

以小组为单位，把讨论的结果向全班简要汇报。

学习目标

通过本课的学习，你将能够：

1. 理解和使用有关"上瘾"和"戒'瘾'"的词语。
2. 分析一些"瘾"带来的危害。
3. 给对某事物上瘾的人提出建议。

i EXPLORE

促成一对话

词语表 8-1

1	心里痒痒	xīnlǐ yǎngyang		比喻产生达到某种目的的要求。
2	不由自主	bùyóuzìzhǔ		由不得自己；控制不了自己。
3	不知不觉	bùzhī-bùjué		没有看出来；没有意识到。
4	视力	shìlì	名	一定距离内眼睛看清事物的能力。视力好；视力下降
5	上瘾	shàngyǐn	动	爱好某种事物成为癖好。玩游戏上瘾；抽烟上瘾
6	保管	bǎoguǎn	动	保存和管理。保管物品；负责保管
7	瘾	yǐn	名	对某种事物形成的依赖性和习惯性。
8	戒	jiè	动	改掉不好的爱好。戒酒；戒掉
9	毅力	yìlì	名	坚强的意志。有毅力；没有毅力
10	反复	fǎnfù	副	一遍又一遍。反复说；反复写
11	无精打采	wújīng-dǎcǎi		形容没精神，没劲头。
12	循序渐进	xúnxù-jiànjìn		（工作或学习）按照一定的步骤逐渐深入或提高。
13	具体	jùtǐ	形	细节明确的，不抽象的。具体做法；具体步骤
14	操作	cāozuò	动	按照一定的顺序和要求做。容易操作；操作困难
15	实施	shíshī	动	用行动实现政策、计划等。实施计划
16	监督	jiāndū	动	察看并督促。监督孩子；监督工人
17	动摇	dòngyáo	形	不稳固；不坚定。不动摇；决心动摇；想法动摇

第 8 课 闲话说「瘾」

103

A 听录音，用简单的话回答问题。 8-2

1. 李小岩的眼睛为什么红了？
2. 李小岩的"手机瘾"对写作业和睡觉造成了什么影响？
3. 李岩对什么上瘾？有多严重？
4. 张丽对什么上瘾？有多严重？
5. 李岩和张丽的"瘾"给他们的生活带来了什么样的影响？

B 朗读对话，注意语音语调。 8-2

（晚饭时间，李岩一家三口在饭桌上聊天儿。）

张丽：小岩，昨晚你一点多才睡，是不是又玩手机来着？你看你，眼睛都红了。

李小岩：妈，手机让我心里痒痒啊！我也是不由自主。本来我只想用手机查查资料，可查着查着，一会儿跳出一条消息，一会儿跳出一张图片，我没有控制住自己，一个一个地点开，不知不觉时间就过去了。

张丽：儿子，你现在玩手机玩得太多了，作业越写越慢，成绩也不如以前了。不仅如此，最近我还发现你睡觉越来越晚，视力也下降了。我看你这明显是上瘾了。拿来，把手机给妈妈，我帮你保管。

李小岩： 那可不行，手机不放在我手边，我就不安心！再说，手机给您，我上学、放学等公交车的时候干什么啊？太无聊了！

张丽： 你只是等公交车的时候玩吗？你忘了，上次你在路上，低着头边走边玩手机，脸都被路边的树枝划伤了。你想想，如果伤了眼睛可怎么办？！所以这"手机瘾"必须戒掉！

李小岩： 您就知道说我们小孩儿！你们大人就没"瘾"吗？您喝咖啡不上瘾？我爸抽烟不上瘾？爸，您都说了多少回要戒烟了？可戒掉了吗？你们都这么没毅力，还说我呢！

李岩： 啊，怎么说到我这儿来了？我抽烟都十几年了，我也努力戒过，可是反复戒了好多次都没成功。算了，我也不打算戒了，少抽点儿不行吗？

张丽： 李岩，你少抽了吗？我怎么没发现呢？儿子，我也觉得你爸现在抽烟是越来越厉害，每天最少一盒吧？不但对自己没好处，还弄得满屋子烟味！哎，话说回来，我喝咖啡的习惯可不影响你们俩啊！

李岩： 你喝咖啡倒是不影响我们，可是你现在没咖啡就不行。早、中、晚都要喝，只要不喝，你就无精打采的。其实咖啡喝多了对心脏也不好，前两天你不是还说感觉心跳特别快吗？你忘了？

张丽： 那倒也是。好吧，咱们仨都试着戒戒，这样就公平了。这些"瘾"啊，要想一下子戒掉也难，要不咱们循序渐进吧。从我做起，我先少喝点儿咖啡，就早上喝一杯，过了中午就不喝了，晚上困了就早点儿睡；你爸这个"烟民"呢，从一天一包减到一天半包，嘴巴无聊了就吃点儿瓜子什么的；小岩，你完全不碰手机也不现实，放学后先玩半个小时，然后就把手机交给妈妈保管。这样行吗？

第8课 闲话说"瘾"

李小岩：好，这个计划又具体又好操作，我能接受，从明天就开始实施！咱们互相监督，谁也不许中途放弃，不许动摇！

李岩：行，那咱就都努努力，试一试！

C 词语练习。

> 心里痒痒　不由自主　不知不觉　瘾

1. 李小岩特别喜欢玩手机，只要一看见它，他就觉得＿＿＿＿，特别想玩。开始他只是想用手机查点儿东西，但是看见一个个有趣的信息，就＿＿＿＿地点进去了。就这样，时间＿＿＿＿地过去了。玩手机影响了他的学习和休息。这就是"手机＿＿＿＿"，需要控制。

> 视力　上瘾　戒　反复　无精打采

2. 如果一个人对一件事情＿＿＿＿了，就很麻烦。比如说，有了"手机瘾"，时间长了＿＿＿＿就会下降；有了"烟瘾""酒瘾"和"咖啡瘾"，就会对心脏健康不利。这些"瘾"如果得不到满足，人就会觉得很无聊，变得整天＿＿＿＿的。所以说，这些"瘾"必须＿＿＿＿掉，但是说起来容易做起来难，有的人＿＿＿＿戒了很多次，都没有成功。

> 保管　循序渐进　具体　操作　实施　监督

3. 戒"瘾"不是那么简单的，一下子戒掉并不那么容易。我们可以温和一点儿，＿＿＿＿地进行。首先制订一个＿＿＿＿的、容易＿＿＿＿的计划，一步一步地＿＿＿＿。如果自己控制不了自己，还需要家人、朋友帮忙＿＿＿＿，可以把那些使你"心里痒痒"的东西交给他们，让他们帮你＿＿＿＿。

D 根据对话内容回答下列问题，注意加点词语的用法。

1. 李小岩说手机让他心里痒痒，他是什么意思？
2. 玩手机上瘾的话，对一个人的视力会有什么影响？
3. 李小岩为什么不愿意把手机交给妈妈保管？
4. 李小岩为什么说爸爸戒烟没有毅力？
5. 妈妈什么情况下会变得无精打采？
6. 请用对话中喝咖啡或者抽烟的例子说一说：怎样循序渐进地戒"瘾"？
7. 关于戒"手机瘾"，妈妈提出的具体的、好操作的计划是什么？
8. 李小岩提出三个人在戒"瘾"的问题上互相监督，目的是什么？

E 两人一组，用指定的词语回答问题。

1. 昨天晚上，李小岩为什么很晚还在玩手机？（心里痒痒，不由自主，不知不觉）

   ……让他心里痒痒；看见……就心里痒痒
   不由自主地玩起来；他（玩手机）也是不由自主
   不知不觉地玩了两个小时；不知不觉已经很晚了

2. "手机瘾"对人的健康有哪些影响？"咖啡瘾"呢？（视力，无精打采，心脏）

   影响视力；视力不好；视力下降
   整个人无精打采的；看起来无精打采的；一天都无精打采的
   影响心脏；损害心脏；心脏病

3. 一个对某事物上瘾的人想要改变自己，家人可以怎么帮助他/她？（戒，保管，监督，实施）

   戒"瘾"；把"瘾"戒掉；戒（掉）"手机瘾"；戒不掉
   保管（手机）；把（手机）保管起来；帮（他/她）保管
   监督孩子；监督爸爸（戒烟）；互相监督
   实施计划；实施起来很困难；（不）容易实施

4. 制订戒"瘾"计划的时候，需要注意什么问题？（循序渐进，具体，操作）

   循序渐进地进行；循序渐进地实施；采取循序渐进的做法
   具体的做法；具体的目标；具体怎么做
   容易操作的计划；比较好操作；操作起来有困难

F 三人一组讨论，根据对话内容并借助下图，说说李岩一家三口难以自控的"瘾"。请尽量使用小词库中的词语。用了哪个，请画"√"。

李小岩爱……
他每天……
这使他……

爸爸特别喜欢……
他一天……
这使得……

妈妈离不开……
她每天……
如果不喝，她就……

他们一家三口决定……

小词库

上瘾　视力　反复　毅力　戒
监督　具体　操作　实施　动摇
心里痒痒　不由自主　不知不觉
无精打采　循序渐进

G 角色扮演：三人一组，把李岩一家戒"瘾"的故事表演出来。

促成—拓展

词语表 🔊 8-3

1	烦躁	fánzào	形	心烦，急躁。感觉烦躁；心里烦躁
2	依赖	yīlài	动	依靠人或事物，不独立。依赖手机；依赖网络
3	症状	zhèngzhuàng	名	因疾病而表现出来的异常状态。出现症状；症状明显
4	头晕眼花	tóu yūn yǎnhuā		头脑迷糊，眼睛看不清。
5	心跳加速	xīntiào jiāsù		心跳的速度变快。
6	缓解	huǎnjiě	动	使严重的程度减轻。缓解症状；缓解疼痛
7	睡眠	shuìmián	名	一种帮助人们恢复体力的生理现象。影响睡眠；睡眠质量
8	适可而止	shìkě érzhǐ		到了适当的程度就停止。

A 头脑风暴。

↳ 四人一组讨论，说一说自己对以下哪一项上瘾。

- 玩手机
- 打游戏
- 吃某样东西
- 上网
- 喝某样东西
- 上瘾
- 购物
- 做某种运动
- 抽烟
- 其他

同伴1 • 对（　　　）上瘾
同伴2 • 对（　　　）上瘾
同伴3 • 对（　　　）上瘾

B 戒"瘾"第一步：戒不戒？ 🔊 8-4

↘ 关于"对……上瘾，要不要戒"这个问题，有三位咨询者向专家求助，请听他们和专家的对话，完成下表。

	对什么上瘾	带来的影响			是否需要戒		
咨询者 1		很大☐	一般☐	很小☐	急需戒掉☐	需要减量☐	控制适量☐
咨询者 2		很大☐	一般☐	很小☐	急需戒掉☐	需要减量☐	控制适量☐
咨询者 3		很大☐	一般☐	很小☐	急需戒掉☐	需要减量☐	控制适量☐

↘ 两人一组，了解同伴的某种"瘾"的程度，做出判断并在下表中填写关键词。

> 他对（　　　　）上瘾
>
> 带来的影响：很大 ☐　　　是否需要戒：急需戒掉 ☐　　　理由：
> 　　　　　　 一般 ☐　　　　　　　　　 需要减量 ☐
> 　　　　　　 很小 ☐　　　　　　　　　 控制适量 ☐

↘ 交换同伴，参考下图，向你的新同伴介绍刚才那位同伴的情况，并给出你的"专家意见"。

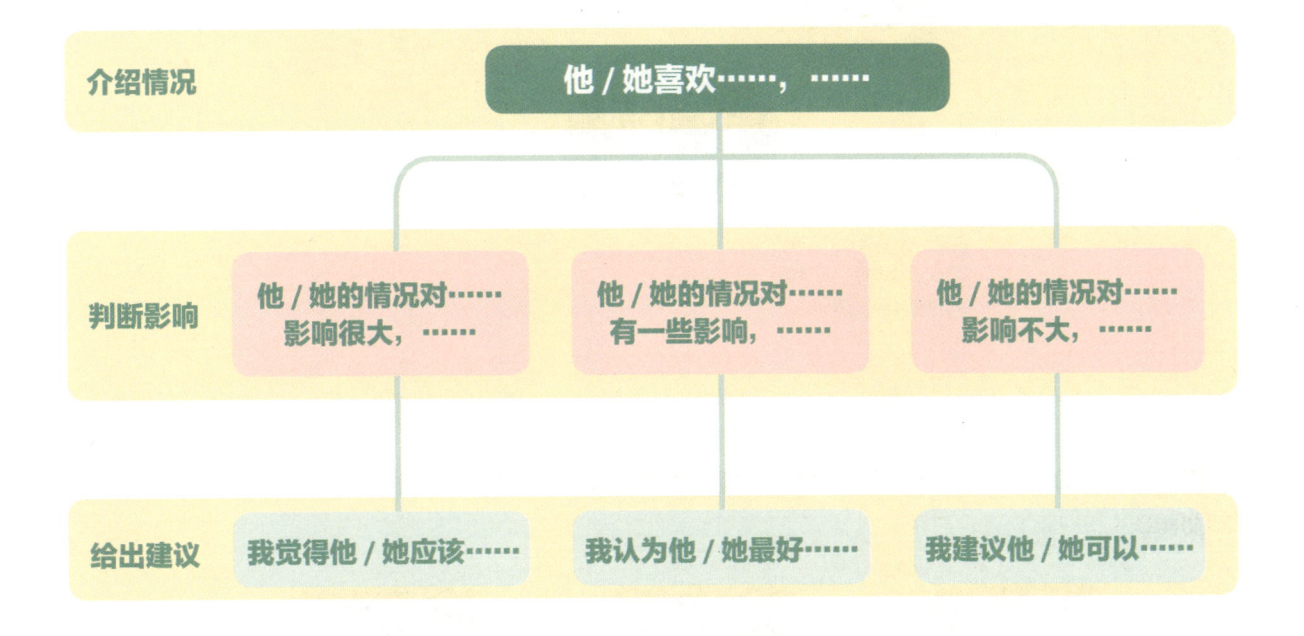

介绍情况	他 / 她喜欢……，……		
判断影响	他 / 她的情况对……影响很大，……	他 / 她的情况对……有一些影响，……	他 / 她的情况对……影响不大，……
给出建议	我觉得他 / 她应该……	我认为他 / 她最好……	我建议他 / 她可以……

第 8 课　闲话说「瘾」

C 戒"瘾"第二步：难在哪儿？

↘ 每人选择一位需要戒"瘾"的同伴，参考左图，分析他/她如果戒"瘾"，可能遇到什么样的困难，然后借助右边的结构图说一说。

困难：
- 感到无聊
- 身体不适
- 受别人影响
- 影响社交
- 其他

他/她戒"……瘾"可能会有以下困难
- 首先，……
- 其次，……

D 戒"瘾"第三步：怎么戒？

↘ 四人一组讨论：下面的方法对戒什么"瘾"最有效？你还有什么戒"瘾"的好办法？

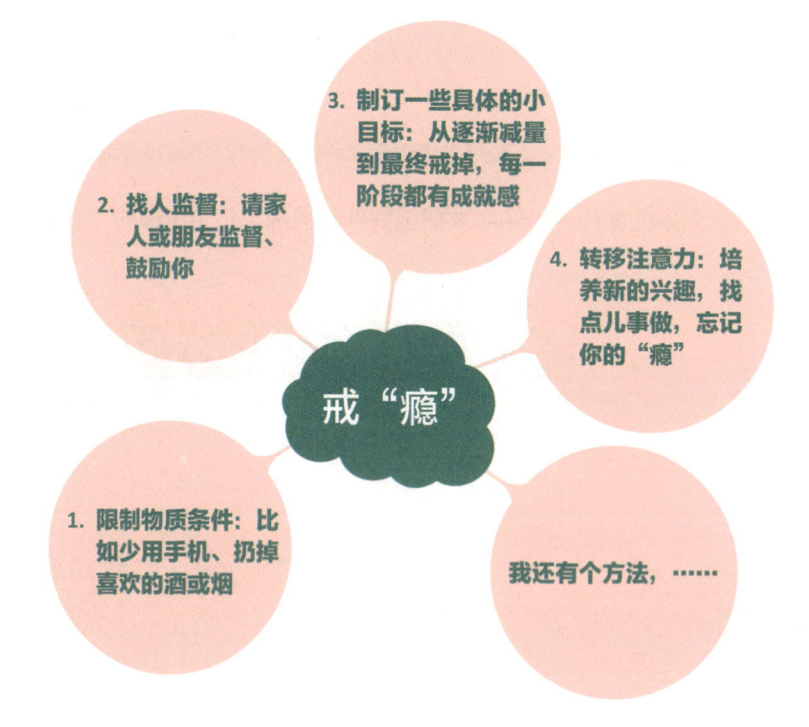

戒"瘾"

1. 限制物质条件：比如少用手机、扔掉喜欢的酒或烟
2. 找人监督：请家人或朋友监督、鼓励你
3. 制订一些具体的小目标：从逐渐减量到最终戒掉，每一阶段都有成就感
4. 转移注意力：培养新的兴趣，找点儿事做，忘记你的"瘾"

我还有个方法，……

↘ 四人一组，每人选择一位需要戒"瘾"的同伴，为帮助他/她戒"瘾"提出建议。参考下图，进行成段表达。

简单介绍
- 他/她对……上瘾
- 这影响到……
- 所以他/她应该控制……

→

预判困难
- 如果戒"瘾"，他/她可能遇到一些困难：
- 首先，……
- 其次，……

→

提出建议
- 我建议他/她可以通过……的方法解决

i PRODUCE

》产出

任务支持

下表中是本课学习的词语，供你在完成任务时选用。

我的表达需要	我的表达工具
描述上瘾	瘾　上瘾　症状　视力　依赖　睡眠　烦躁 心里痒痒　不由自主　不知不觉　无精打采　心跳加速　头晕眼花
描述戒"瘾"	戒　反复　保管　监督　具体　操作　实施　毅力　动摇　缓解 适可而止　循序渐进

任务选择

任务一　我为他们出主意

请你为《家有儿女》中的姥姥和小雨出主意。分析"烟瘾""糖瘾"带来的不良影响、靠鱼片和牛肉干戒"瘾"存在的问题，给出你认为好操作的戒"瘾"方法，帮助他们戒掉"烟瘾"和"糖瘾"。

要求：1. 时间为两分钟左右。2. 至少使用五个本课学习的词语。

任务二　角色扮演

两人一组，一人扮演上瘾者，介绍自己对某种事物上瘾的情况，另一人扮演专家，结合上瘾者的具体情况提出建议。

任务三　实地调查

三至四人一组，每组采访三位中国朋友，请他们谈一谈觉得自己对什么上瘾，达到了什么程度，然后小组讨论：他们的"瘾"需不需要戒掉？如果戒，会遇到什么困难？你会建议他们如何做？

评价

💡 **以下几个方面我做到了。（请画"√"，并简单说明。）**

☐ 1. 我使用了新学的词语，比如：_____

☐ 2. 我用到了课本中的一些内容，比如：_____

☐ 3. 我说了几个很长的句子，比如：_____

☐ 4. 我的发言，逻辑很清楚，主要结构是：

　　开头：_____

　　中间：_____

　　结尾：_____

☐ 5. 我进行了文化对比，比如：_____

第 9 课

共享的生活

i PREPARE

》驱动

共享是和其他人一起使用或拥有某种东西。在中国的大部分城市中都可以看到很多人骑共享单车。观看一段视频,了解一下共享单车在城市中的使用情况。

牛刀小试

A 多人活动

三至四人一组讨论,说一说:共享单车适合在你们国家推广吗?至少给出三个理由,把关键词填写在下表中。

	□适合	□不适合
理由	1. 2. 3.	

B 结果展示

以小组为单位,把讨论的结果向全班简要汇报。

学习目标

通过本课的学习,你将能够:

1. 理解和使用有关"共享"的词语。
2. 了解共享经济、出租经济的概念,分析它们的异同点。
3. 对共享单车和网约车的发展提出建议。
4. 分析共享单车是否适合在你的国家发展。

i EXPLORE

》》促成—对话

词语表 9-1

1	达人	dárén	名	在某方面（艺术、技术等）非常精通的人。
2	妙招儿	miàozhāor	名	巧妙的方法，好办法。省钱的妙招儿
3	出行	chūxíng	动	外出；到别的地方去。出行方式
4	拼车	pīnchē	动	几个同路的人共同使用一辆车，费用大家一起付。
5	顺路	shùnlù	形	不绕路，走着方便
6	应用程序	yìngyòng chéngxù		为完成某种工作而设计的计算机程序。也有用于智能手机等的应用程序，称APP。
7	下单	xiàdān	动	发出订单或付款。
8	共享	gòngxiǎng	动	共同拥有；共同使用。信息共享；共享单车
9	租金	zūjīn	名	出租或租用东西的钱。
10	民宿	mínsù	名	出租给旅客住宿的私人住房。
11	主义	zhǔyì	名	对客观世界、社会生活、学术问题等的系统的理论和主张；思想作风。
12	以旧换新	yǐ jiù huàn xīn		用旧的换新的。
13	二手	èrshǒu	形	已经用过再卖的。二手冰箱；二手电脑
14	物品	wùpǐn	名	东西。二手物品
15	交易	jiāoyì	动	买卖商品。进行交易；二手交易
16	平台	píngtái	名	电脑硬件或软件的操作环境。网络平台；交易平台
17	理念	lǐniàn	名	思想；观念。经营理念；生活理念
18	闲置	xiánzhì	动	放在一边不用。闲置多年；闲置物品
19	赞同	zàntóng	动	赞成；同意。赞同……的观点；很赞同

第 9 课 共享的生活

A 听录音，用简单的话回答问题。 9-2

1. 田梦说了几种网上打车的方法？
2. 如果想在网上打车需要有什么？
3. 田梦和马波罗说了几个旅行的妙招儿？
4. 田梦的手机是怎么买的？
5. 爱娜想从哪儿买冰箱？

B 朗读对话，注意语音语调。 9-2

（马波罗介绍田梦认识一个刚来中国的意大利同学，他们在校园的咖啡馆聊天儿。）

马波罗：爱娜，田梦是一个生活达人。她可以教给你很多在中国的省钱妙招儿。

爱娜：是吗？太好了，我太需要了，你快讲讲。

田梦：咱们先从出行说起吧。比如说打车，你可以在网上拼车。拼车的意思就是你和其他打车的人坐一辆车，你们是顺路的，司机按照路程先送距离近的人，再送距离远的人，这种方法价格最便宜。如果你不想和别人拼车，还可以在网上打快车。快车比拼车贵一点儿，但还是比打出租车便宜。

爱娜：那怎么在网上打车？是不是得下载一个应用程序？

马波罗: 没错，我就下载了一个。如果我们好几个人一起去饭馆就打快车。一般下单后几分钟车就来了，特别方便。

田梦: 另外，如果你平常去近的地方，比如说附近的超市、银行什么的，还可以租共享单车，比拼车更便宜。

爱娜: 什么是共享单车？

马波罗: 就是一种公共自行车。你用手机扫一下车上的二维码就能用，到了地方一锁车就算还了，然后在网上支付租金，租金也非常便宜。你租共享单车，就不用自己再花钱买自行车了。

爱娜: 噢，我知道了，学校门口那些彩色的自行车就是共享单车吧？

田梦: 对，没错。

爱娜: 我看见过中国人用手机一扫就骑走了，当时我还觉得挺奇怪的。这个共享单车我喜欢，以后我就可以骑它去超市了。田梦，还有别的省钱妙招儿吗？

田梦: 有啊，你喜欢旅行吗？

爱娜: 当然喜欢，这个月底我就打算和朋友一起去上海。

田梦: 那你们可以在网上订民宿，比住宾馆便宜。

马波罗: 我已经订过好几次民宿了，不仅便宜还可以了解中国人的生活，是一种非常棒的体验。对了，咱们不是说想去日本旅行吗？田梦说可以在网上合租Wi-Fi，算下来，每人每天不到3块钱。

爱娜：真的？这么便宜！

马波罗：爱娜，你发现了吗？田梦介绍的方法不仅省钱而且环保。她是一个环保主义者，她的手机是以旧换新的，她的电脑是从二手物品交易平台上买的。她的理念就是让所有的闲置物品得到最大化利用，同时不用花很多钱也能享受生活。她说过一句话，就是"只买对的，不选贵的"，这句话我特别赞同。

爱娜：没错，贵的不一定适合自己，适合自己又便宜的才是最好的。田梦，你介绍的这些妙招儿太有用了！对了，你能告诉我，怎么用那个二手物品交易平台吗？我想买个冰箱。

田梦：没问题，我现在就帮你下载，然后教你怎么用。

爱娜：太好了，谢谢你！

C 词语练习。

出行　应用程序　下单　理念

1. 共享就是和其他人一起拥有或使用某种东西。共享的_____在_____、住宿等方面改变着人们的生活。如果你想打车，可以下载一个_____，从网上_____，既便宜又方便；如果你去旅游，可以住民宿，比住宾馆便宜，还可以了解当地人们的生活。

物品　交易　平台　闲置

2. 现在网上有专门的二手物品_____ _____，很受年轻人欢迎。购买二手_____一方面可以省钱，不用花很多钱也能享受生活；另一方面也很环保，可以让_____物品再次得到利用。

D 根据对话内容回答下列问题，注意加点词语的用法。

1. 在中国打车，有什么省钱的好办法？
2. 什么是拼车？
3. 怎么使用共享单车？

4. 住民宿是一个旅行妙招儿，和住酒店比，它有哪些好处？

5. 田梦买的二手物品是手机还是电脑？你买过二手物品吗？

6. 田梦的生活理念是什么？

7. "只买对的，不选贵的"这句话是什么意思？你赞同吗？

E 两人一组，用指定的词语回答问题。

1. 人们在出行方面可以有什么妙招儿？（应用程序，打，共享单车，既……又……）

> 下载应用程序；使用应用程序
> 打快车；打出租车；打快车比拼车……
> 骑共享单车；租共享单车；使用共享单车
> 既便宜又方便；既省钱又环保

2. 人们在旅游方面可以有什么妙招儿？（民宿，Wi-Fi，既……又……）

> 订民宿；住民宿
> 租 Wi-Fi；合租 Wi-Fi
> 既便宜又能了解当地人们的生活；既省钱又方便

3. 人们在购物方面可以有什么妙招儿？（以旧换新，二手，既……又……）

> 手机以旧换新；家用电器以旧换新；电脑以旧换新；用以旧换新的方式
> 二手手机；二手冰箱；二手物品；二手交易；二手物品交易平台
> 既省钱又环保；既能享受生活又不会增加经济压力

4. 马波罗觉得田梦是一个什么样的人？（达人，妙招儿，环保，理念，利用）

> 生活达人；环保达人
> 生活妙招儿；出行妙招儿；旅游妙招儿；购物妙招儿
> 环保主义者；热爱环保；既省钱又环保
> 生活理念；环保理念；共享理念
> 得到利用；最大化利用；利用闲置物品

F 三至四人一组,说一说共享理念给出行、旅游、购物等方面带来的变化,以及共享理念的好处。请尽量使用小词库中的词语。用了哪个,请画"√"。

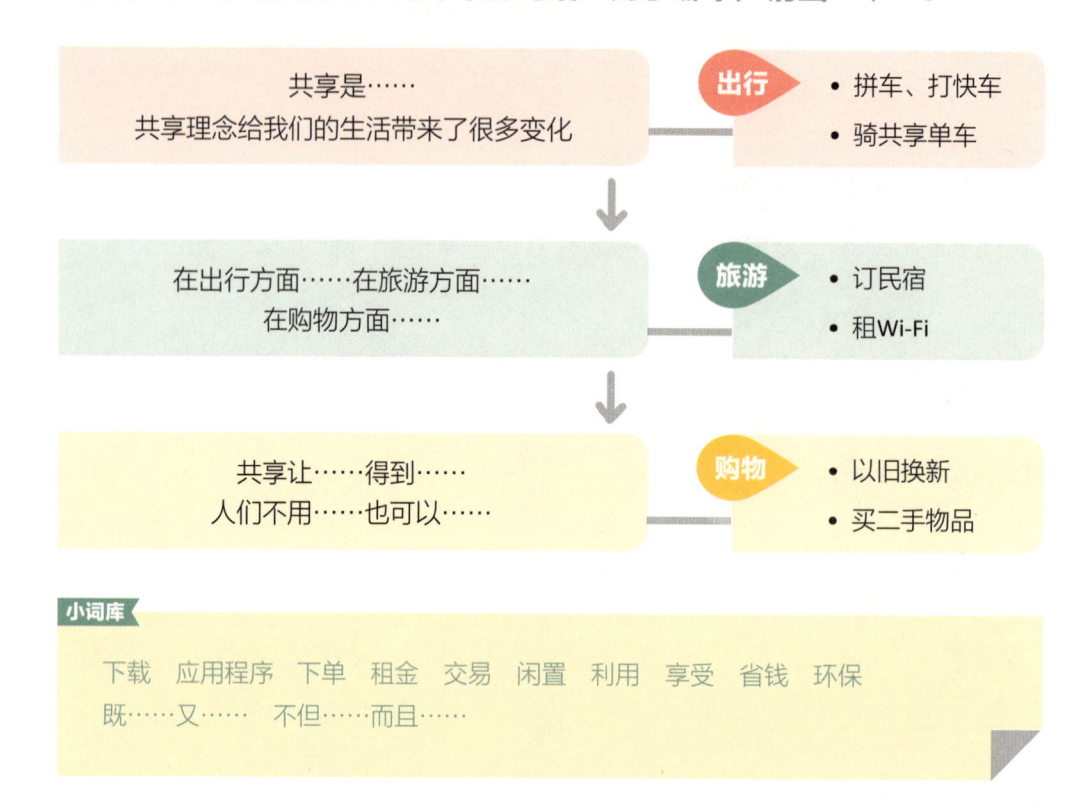

共享是…… 共享理念给我们的生活带来了很多变化	**出行** • 拼车、打快车 • 骑共享单车
在出行方面……在旅游方面…… 在购物方面……	**旅游** • 订民宿 • 租Wi-Fi
共享让……得到…… 人们不用……也可以……	**购物** • 以旧换新 • 买二手物品

小词库

下载　应用程序　下单　租金　交易　闲置　利用　享受　省钱　环保
既……又……　不但……而且……

G 角色扮演:你们的一个朋友刚来中国,你们给他/她介绍一些在中国生活的小妙招儿,这些妙招儿都是和共享理念有关系的。

要求

(1)三人一组:一人是刚来中国的,另外两人给他/她介绍在中国可以用到的生活小妙招儿。
(2)至少使用八个小词库中的词语。
(3)每组同学表演时,其他同学帮他们在小词库中勾选用到的词语。

小词库

省钱　环保　拼车　下单　享受　租金　出行　妙招儿　应用程序
二手　物品　交易　理念　闲置　利用　赞同　以旧换新

促成—拓展

词语表 9-3

1	五颜六色	wǔyán-liùsè		各种颜色。五颜六色的自行车
2	维修	wéixiū	动	保护和修理。维修自行车
3	投资	tóuzī	动	为了达到一定目的而投入钱或物。投资共享单车；投资人
4	退出	tuìchū	动	离开（场所、组织）。退出市场
5	倒闭	dǎobì	动	工厂、商店等因为亏钱而停业。公司倒闭
6	押金	yājīn	名	为了租借物品而作为保证用的钱。交押金；退押金
7	完善	wánshàn	动	使事物变完整、变好。完善制度；完善政策
8	运送	yùnsòng	动	把人或东西送到别处。运送商品；运送自行车

A 共享单车的故事。 9-4

➔ 共享单车的故事——起步篇。

1. 听第一段录音，将事件发生的时间填写在横线上。

北京大学有了 2000 辆共享单车

"ofo共享计划"开始

2. 两人一组，用所给词语和结构回答问题。

（1）北京大学的学生自己买自行车有哪些问题？

| 问题 | 丢
遗弃 | 怕
毕业　二手 |

（2）使用共享单车有哪些好处？

| 好处 | 方便
便宜 | 随时随地
1毛钱 |

第 9 课　共享的生活

121

（3）"优步"的什么理念是共享单车的创立者想学习的？

| 理念 | 让……得到…… | 闲置　物品
最大化 |

3. 两人一组，用下面的结构和词语谈一谈为什么共享单车能够在北京大学获得成功。

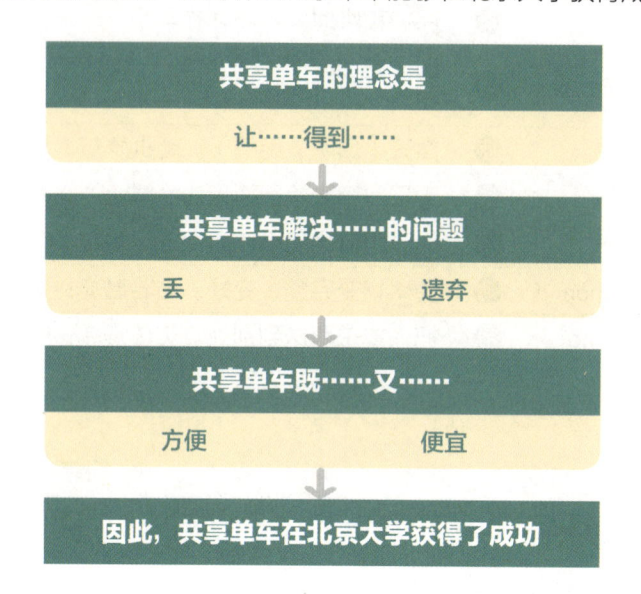

共享单车的理念是
让……得到……
↓
共享单车解决……的问题
丢　　　　　遗弃
↓
共享单车既……又……
方便　　　　便宜
↓
因此，共享单车在北京大学获得了成功

➢ 共享单车的故事——发展篇。

1. 听第二段录音，将事件发生的时间填写在横线上。

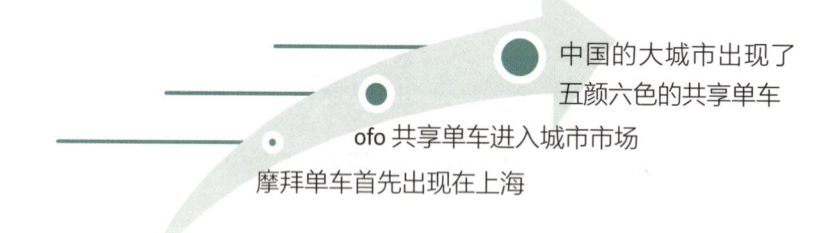

———— 中国的大城市出现了五颜六色的共享单车
———— ofo 共享单车进入城市市场
———— 摩拜单车首先出现在上海

2. 两人一组，按要求说一说。

（1）以下图为例说明"城市最后一公里的出行难题"是一个什么样的问题。

家 → 地铁站　　比如说……

（2）谈一谈在解决"城市最后一公里的出行难题"上，与出租车相比，共享单车有哪些优势。

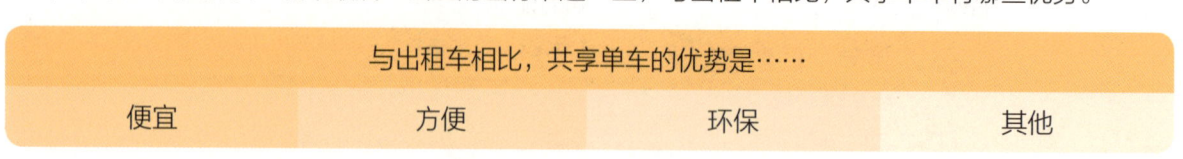

| 与出租车相比，共享单车的优势是…… ||||
| 便宜 | 方便 | 环保 | 其他 |

↪ 共享单车的故事——问题篇。

1. 听第三段录音，按顺序勾选听到的问题。

	退押金难	限制投放	乱停乱放	变成垃圾
问题 1				
问题 2				
问题 3				
问题 4				

↪ 共享单车的故事——改进篇。

1. 听第四段录音，回答问题：这段话提到了上面哪个问题的解决方法？
2. 两人一组，谈一谈：共享单车被乱停乱放的原因及解决方法。

> 以前，因为……
> 所以共享单车乱停乱放的问题严重

> 现在，……
> 这样既解决了乱停乱放的问题，也……

小词库

增加　维修　管理　足够　专门　来回　运送
停放区　随时随地　根据……的规律

3. 三至四人一组，说一说：共享单车进校园的利与弊。

（1）有些大学校园不让共享单车进入，而有些大学校园允许共享单车进入。请谈谈共享单车进校园的利与弊各是什么。

+
- 使用
- 价格
- 解决……的问题
- ……

- 管理
- 维修
- 安全
- ……

小词库

出行　租金　专门　遗弃　丢
运送　停放区
随时随地　乱停乱放

（2）关于共享单车进校园，你赞同还是反对？结合上面分析的结论进行说明。

B 网约车与民宿。

　　田梦在出行方面的一个妙招儿是在网上打车。经营网约车业务的公司自己没有汽车，只是在网上建立一个平台，通过网络平台把司机和客人联系起来。田梦在旅游方面的一个妙招儿是住民宿。经营民宿业务的公司也没有房子，只是通过网络平台把房子的主人和客人联系起来。通过网络平台，闲置的汽车和房子就可以被利用起来。汽车和房子的主人可以赚钱，打车和租房的人可以省钱，经营网约车和民宿业务的公司也可以赚钱。一件物品多人使用，对大家都有好处，这就是共享经济。

↳ 两人一组，根据短文内容用下面的词语填空，然后结合图表和所给结构说一说共享经济的特点。

闲置物品的主人　需要使用的人　网络平台　省　赚

_____钱

_____钱

_____钱

……把……联系起来

这样一来，……

C　网约车与共享单车。

　　中国的共享单车最开始是想学习网约车，通过共享让闲置的自行车得到最大化利用。但是后来，共享单车的发展却改变了方向。

　　经营网约车业务的公司自己没有汽车，它用网络平台把司机和客人联系起来，司机和客人只是去使用这个公司的应用程序。车辆有任何问题，都是司机花钱修理，公司不负责修车。而经营共享单车业务的公司是自己购买自行车，然后出租给用户，买车和修车都由公司负责。

　　虽然共享单车和网约车都是通过网络提供车的使用权，但是经营网约车业务的公司没有车的所有权，而经营共享单车业务的公司有。所以有人说，网约车代表的是真正的共享经济，而共享单车代表的是出租经济。网约车是利用闲置物品，减少闲置，而共享单车可能会产生更多的闲置物品，造成更大的浪费。

↳ 三至四人一组，参考下图，使用所给词语比较网约车和共享单车的异同点。

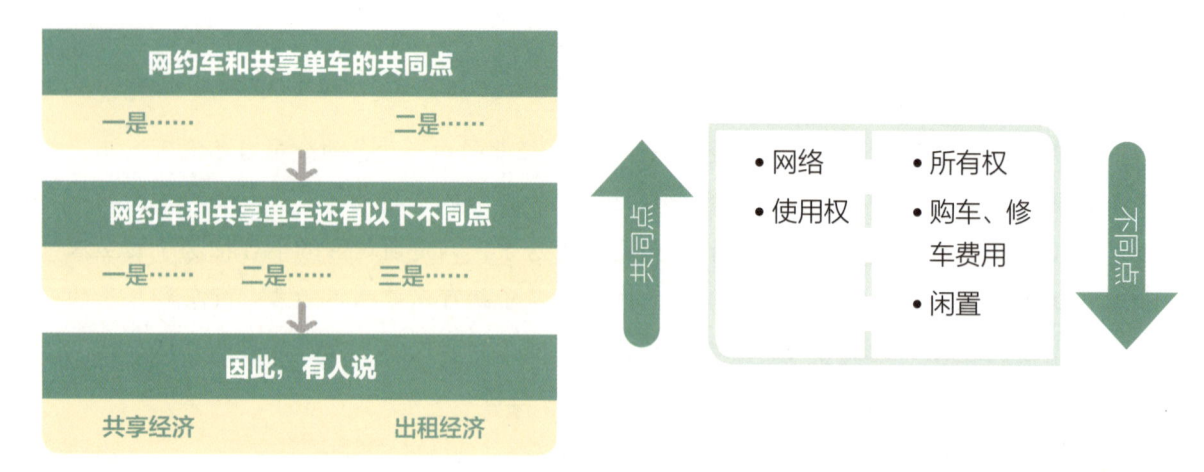

网约车和共享单车的共同点
一是……　　二是……

↓

网约车和共享单车还有以下不同点
一是……　二是……　三是……

↓

因此，有人说
共享经济　　　　　出租经济

共同点：
- 网络
- 使用权

不同点：
- 所有权
- 购车、修车费用
- 闲置

i PRODUCE

产出

任务支持

下表中是本课学习的词语，供你在完成任务时选用。

我的表达需要	我的表达工具
表达共享的理念	共享　理念　省钱　闲置　回收　赞同　达人　主义
关于共享经济中的消费者	妙招儿　拼车　顺路　出行　下单　租金　民宿　押金　以旧换新　二手物品　交易　随时随地
关于共享经济中的商家	应用程序　平台　投资　退出　倒闭　运送　完善　维修　五颜六色

任务选择

任务一　我是演说家

以"我看中国的共享单车"为题做一个演讲，介绍中国的共享单车，分析共享单车在中国发展的利与弊，以及共享单车是否适合在你们国家发展。

要求：1. 时间为两分钟左右。2. 至少使用五个本课学习的词语。

任务二　实地调查

四人一组，采访十个在中国生活的外国人，记录他们在中国通过网络平台打车、租自行车的情况，分析哪些因素决定了他们的选择和看法，最后对中国网约车、共享单车的发展提出建议。

▶ 调查问题参考

1. 你们是否在网络平台上打过车或租过自行车，为什么？
2. 你们对网约车和共享单车的看法如何？

任务三　交流讨论

全班召开一次班会，每位同学介绍自己国家共享经济发展情况。内容包括：

1. 对比中国和你们国家共享经济的发展情况。田梦介绍的在出行、旅游、购物等方面的妙招儿在你们国家可以使用吗？如果不能使用，原因是什么？
2. 你们国家有哪些关于"共享"的好制度、好方法可以介绍给中国？

评价

🔆 **你觉得你表现得怎么样？请为自己的表现评出相应的等级。**

评价项目	完全不同意	不太同意	一般	比较同意	完全同意
① 我能听懂对话录音，并根据对话内容，介绍和共享理念有关的生活小妙招儿。	☹	☹	😐	🙂	😊
② 我能听懂四段录音，了解共享单车的起步、发展的过程，以及存在的问题和改进方法。	☹	☹	😐	🙂	😊
③ 我能通过讨论，分析共享单车进校园的利与弊。	☹	☹	😐	🙂	😊
④ 我能根据课文内容，结合图表说明共享经济的特点。	☹	☹	😐	🙂	😊
⑤ 我能参考所给词语和结构，比较网约车和共享单车的异同点。	☹	☹	😐	🙂	😊
⑥ 我能使用本课所学内容对"共享经济"相关话题阐述自己的观点。	☹	☹	😐	🙂	😊

🔆 **请简单说说你的收获。**

1. 通过学习，我对共享经济有了更多的了解和认识。比如：
   _____
   _____

2. 我选择完成的产出任务是 _____（任务一/任务二/任务三）。这个任务需要解决的核心问题是：
   _____
   _____

3. 在完成产出任务时，我的表达逻辑清楚，主要结构是：
   开头：_____
   中间：_____
   结尾：_____

第 **10** 课 »

人工智能改变生活

i PREPARE

》驱动

当代社会，人工智能已经进入到我们生活的方方面面，与我们的生活密切相关。你对人工智能了解多少呢？如果有人让你谈谈人工智能的利与弊，你又该如何回答呢？请观看一段视频。

牛刀小试

A 双人活动

两人一组讨论，说一说：人工智能给我们的生活带来了哪些好处？人工智能存在什么问题吗？请与你的同伴一起讨论，分别至少说出三点，把关键词填写在下表中。

人工智能带来的好处	人工智能存在的问题
1.	1.
2.	2.
3.	3.

B 结果展示

以小组为单位，把讨论的结果向全班简要汇报。

学习目标

通过本课的学习，你将能够：

1. 理解和使用有关"人工智能"的词语。
2. 阐述和分析人工智能带来的好处和存在的问题。
3. 阐述在哪些工作中人工智能可以取代人类或不可以取代人类，并分析原因。

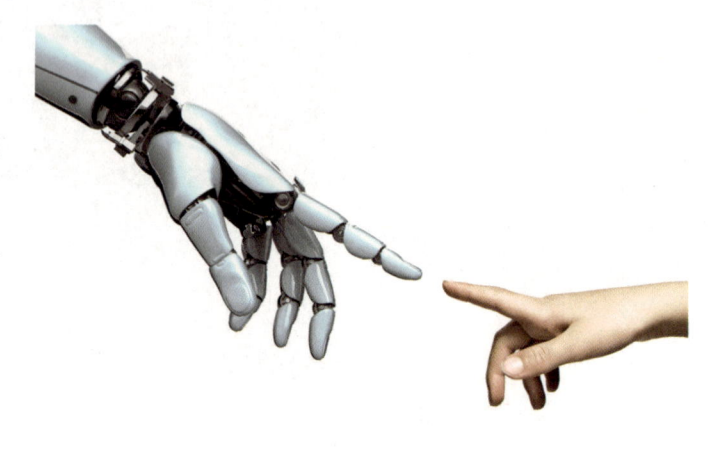

i EXPLORE

促成一对话

词语表 🔊 10-1

1	智能	zhìnéng	形	经过高科技处理、具有人的智慧和能力的。智能手机；智能产品
2	人工智能	réngōng zhìnéng		用计算机模仿人的智力活动的技术科学。
3	节省	jiéshěng	动	节约，不浪费。节省时间；节省人力
4	效率	xiàolǜ	名	一段时间内完成的工作量。提高效率；保证效率
5	推动	tuīdòng	动	使事物前进。推动社会发展；推动经济发展
6	研发	yánfā	动	研究创造。研发机器人；研发人工智能产品
7	报时	bàoshí	动	报告时间。
8	指纹	zhǐwén	名	手指头肚儿上皮肤的纹理，也指这种纹理留下来的痕迹。
9	识别	shíbié	动	辨别；辨认。指纹识别；人脸识别
10	护理	hùlǐ	动	配合医生治疗，观察和了解病人的病情，并照料病人的生活等。护理老人；护理病人
11	咨询	zīxún	动	询问；征求意见。咨询问题；心理咨询
12	胜任	shèngrèn	动	能力完全可以担当。胜任工作；能够胜任
13	车祸	chēhuò	名	开车、骑车、坐车时发生的事故。出车祸；造成车祸
14	承担	chéngdān	动	担负；担当。承担责任；承担风险
15	手术	shǒushù	名	医生用专用工具在病人身体上进行的切除等治疗。做手术；手术室
16	不愧	búkuì	副	当得起。不愧是……；不愧为……
17	伦理	lúnlǐ	名	指人与人相处的各种道德准则。伦理学；伦理问题

第 10 课 人工智能改变生活

A 听录音，用简单的话回答问题。 🔊 10-2

1. 王勇在哪儿工作？
2. 李岩对展览中的什么内容感兴趣？
3. 王勇的公司主要研发哪类智能产品？
4. 王勇的父母随着年纪越来越大，遇到了什么问题？
5. 王勇送给父母很多智能产品，但是李岩觉得王勇还应该做什么？
6. 李岩提出的哪些问题与法律和伦理有关？

B 朗读对话，注意语音语调。 10-2

（李岩和他的朋友王勇在参观人工智能展览会以后边走边聊天儿。王勇是一家人工智能科技公司的研发人员。）

王勇： 你觉得今天的展览怎么样？

李岩： 我对无人驾驶汽车很感兴趣。

王勇： 为什么这么感兴趣？

李岩： 有电脑给我开车，自己就不累了啊！坐在车里的时候我还可以做其他事情，比如说利用网络完成工作、跟朋友视频什么的。

王勇： 是啊，人工智能在节省人力、提高工作效率、推动经济发展等方面的确有很多好处。我觉得它对未来社会发展有很大帮助。

李岩： 对了，你们公司主要研发的是哪类智能产品？

王勇： 我们主要研发家用智能产品。

李岩： 能举个例子吗？

王勇： 比如说适合老年人用的智能产品。你知道我是个独生子，跟父母不住在一个城市。现在他们的年龄越来越大，身体和记忆力都不如从前了。我妈在电话里跟我提过，她有时做饭忘记关火，出门忘记带钥匙，就连吃药也常常忘记。

李岩： 我父母也一样，我有时也挺担心的。你们的产品能解决这些问题？

王勇： 能啊。我送了他们一个智能报时器，把我自己的声音录在里面，在固定的时间提醒他们需要做的事情。我还把家里的门锁也换成了指纹识别锁，他们出门就用不着带钥匙了。这样就能避免因为记忆力不好引起的各种麻烦。另外，智能洗碗机和扫地机器人也可以帮助他们做一些简单的家务，这样他们就不用为干不了重活儿发愁了。

李岩： 他们会用吗？

王勇： 用起来倒是不难，他们也觉得挺有用，但是我妈说，她听到报时器里的语音时，还是挺想念我的。

李岩： 是啊，有时间还是得多回去看看他们。人工智能再好，还是代替不了你啊。你刚才这么一说，让我想到了一个问题，像护理病人、照顾老人和孩子、心理咨询这些跟情感交流有关的工作，人工智能就很难胜任。

王勇： 你说得有道理，但是现代社会越来越离不开人工智能，这也是事实。我们应该好好学习和利用它，让它为我们的生活带来更多的便利。

李岩： 当然，任何事物都有利有弊。我突然又想到一个问题，如果无人驾驶汽车出了车祸，谁来承担责任呢？另外你能接受完全由一个机器人为你看病，甚至做手术吗？出了问题怎么办？

王勇： 真不愧是大学老师！你提的这些属于法律和伦理方面的问题，现在也有人在做专门的研究。要是你对人工智能感兴趣，哪天我给你拿本这方面的书看看吧。

C 词语练习。

智能　人工智能　研发　识别
---

1. 王勇是一个独生子，在一家＿＿＿＿科技公司工作，主要＿＿＿＿人工智能产品。王勇的父母年纪渐渐大了，生活中常常忘记很多事情，因此他特意送给父母一个＿＿＿＿报时器，提醒父母在固定的时间要做的事情。另外，父母出门经常忘带钥匙，所以他还买了带有指纹＿＿＿＿系统的门锁。

效率　护理　咨询　胜任
---

2. 人工智能好处很多，比如节省人力，提高工作＿＿＿＿，但有些工作人工智能不能完全＿＿＿＿，比如＿＿＿＿病人、心理＿＿＿＿等，这些仍然需要人来完成。

推动　伦理　车祸　承担　手术
---

3. 人工智能的确＿＿＿＿了社会的发展，但是任何事都有利有弊。如果无人驾驶汽车出了＿＿＿＿，如果完全由机器人做的＿＿＿＿出了问题，那么谁来＿＿＿＿责任呢？这些法律和＿＿＿＿方面的问题都值得好好思考。

D 根据对话内容回答下列问题，注意加点词语的用法。

1. 人工智能在社会生活中的好处有哪些？
2. 王勇给他的父母送了哪些家用智能产品？
3. 王勇送给父母的智能报时器有什么作用？
4. 王勇送给父母的指纹识别门锁有什么好处？

5. 李岩认为人工智能胜任不了哪些工作？为什么？
6. 王勇为什么说李岩不愧是大学老师？

E 两人一组，用指定的词语回答问题。

1. 人工智能为社会生活带来了哪些好处？（节省，效率，推动）

> 节省人力；节省时间
> 提高效率；保证效率；有效率
> 推动社会发展；推动经济发展；推动人类进步

2. 为什么有人认为某些工作人工智能不能胜任？（护理，咨询，情感）

> 护理病人；家庭护理；医务护理
> 心理咨询；健康咨询；信息咨询
> 缺少情感；缺乏情感交流；无法满足情感需要

3. 人工智能在法律和伦理方面存在哪些问题？（车祸，手术，承担）

> 出车祸；造成车祸；出了一起车祸
> 做手术；机器人做的手术
> 承担责任；承担风险；无法承担

F 四人一组，根据对话内容说一说人工智能给王勇带来的好处。

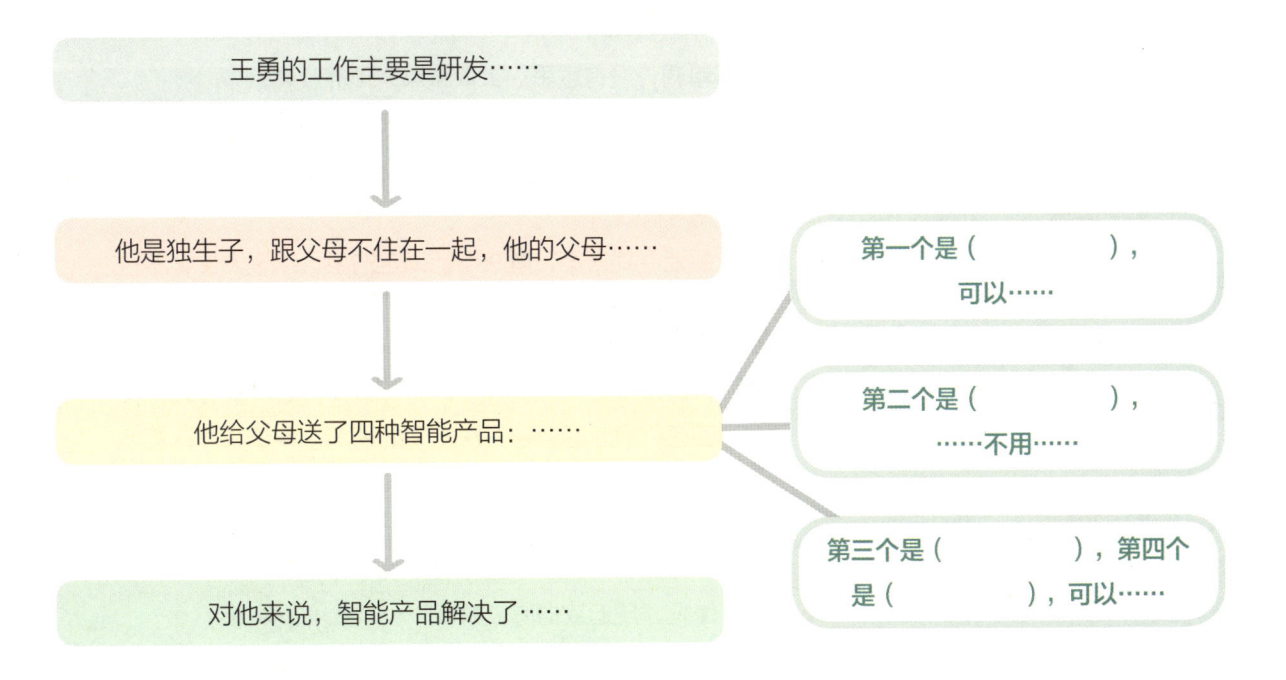

王勇的工作主要是研发……

↓

他是独生子，跟父母不住在一起，他的父母……

↓

他给父母送了四种智能产品：……

↓

对他来说，智能产品解决了……

第一个是（　　　），可以……

第二个是（　　　），……不用……

第三个是（　　　），第四个是（　　　），可以……

第10课 人工智能改变生活

G 四人一组，参考下图，根据对话内容说一说李岩对人工智能的思考。

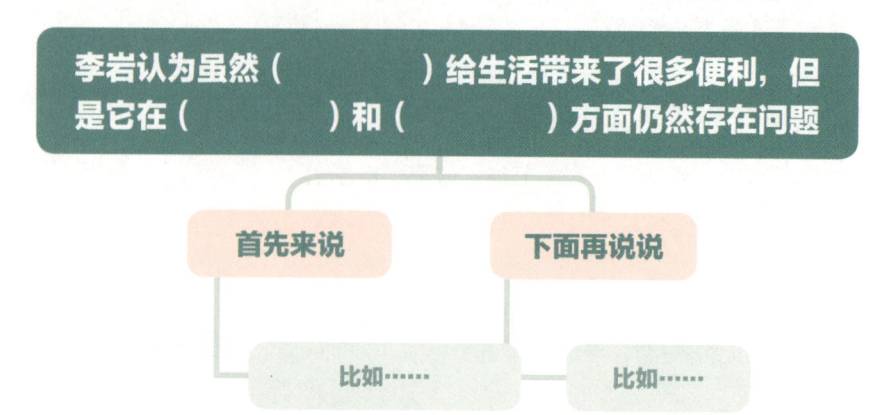

> 李岩认为虽然（　　　　）给生活带来了很多便利，但是它在（　　　　）和（　　　　）方面仍然存在问题

　　首先来说　　　　　下面再说说

　　　　比如……　　　　　　　比如……

H 角色扮演：三人一组，根据下面的情景，分别扮演大学生、爷爷、奶奶。请尽量使用小词库中的词语。用了哪个，请画"√"。

一个大学生给远方的爷爷奶奶送了几种智能产品（至少包括一种对话中提到的家用智能产品），现在正用手机跟爷爷奶奶视频聊天儿，了解这些智能产品的使用情况。

小词库

| 智能 | 节省 | 效率 | 报时 |
| 指纹 | 识别 | 解决 | 麻烦 |

促成—拓展

词语表　10-3

1	枯燥	kūzào	形	单调，没有意思。生活枯燥；讲解枯燥
2	事半功倍	shìbàn-gōngbèi		形容用的力气小，但收获很大。
3	太空	tàikōng	名	特指地球大气层以外的宇宙空间。
4	海底	hǎidǐ	名	海洋的底部。
5	探索	tànsuǒ	动	到处寻找答案，解决不能确定的事。探索太空世界；探索海底世界
6	火星	huǒxīng	名	太阳系八大行星之一。
7	突破	tūpò	动	打破（困难、限制等）。新的突破；前所未有的突破
8	应对	yìngduì	动	回答问题；想办法解决出现的情况。善于应对；及时应对
9	仿真	fǎngzhēn	形	模仿得逼真的。仿真机器人；仿真技术
10	镇	zhèn	名	行政区划单位，一般由县一级领导。
11	欺负	qīfu	动	侵犯、压迫或侮辱。欺负……；被……欺负

A 如何看待人工智能? 🔊 10-4

➡ 听两遍录音,根据录音内容将合适的选项填入下表。

人工智能	
代替人类做简单、枯燥、重复的工作	
帮助人类完成想做而做不到的事情,对人类的发展具有重要意义	
仍然存在很多问题	

a 两辆火星车给人类发回了重要信息

b 人工智能不能应对人类情感问题和突然发生的情况

c 智能洗碗机和扫地、擦地机器人是做家务的好"帮手"

d 人工智能机器人对事物的认知程度赶不上人类

e 不容易解决伦理问题

f 机器人服务员吸引顾客

g 完成海底航行观察与生物调查

h 人类自身的想象力和创造力下降

➡ 三至四人一组,再听一遍第一段和第二段录音。根据录音内容,结合下图说一说人工智能的好处,可以适当补充。

未来社会将有……,我们的生活也将……
人工智能的好处有很多

⬇

| 人工智能可以代替人类做…… | 人工智能机器人的使用,可以……,而且也…… | 人工智能可以帮助人类完成…… | …… |

⬇

综上所述,我认为人工智能可以让人类的生活变得更好

小词库

枯燥　节省　效率　缓解　重复性
取代　太空　海底　探索
突破　事半功倍　前所未有

第 10 课　人工智能改变生活

135

↘ 三至四人一组，再听一遍第三段录音。根据录音内容，结合下图说一说人工智能存在的问题，可以适当补充。

```
人工智能本身存在一些问题
          ↓
首先，因为……，所以它永远也……
第二，……不了……，人工智能再聪明，也不能……，
更不能……
第三，……
          ↓
此外，人工智能的发展也会给人类带来一些问题
          ↓
首先，它不容易解决……
第二，如果人类过多地……，……都会下降，不利于……
第三，……
          ↓
综上所述，我认为任何事物都有利有弊，人工智能存在的
问题也应该引起重视
```

小词库

人脑　胜任　赶不上
应对　情感　伦理　依赖

B 头脑风暴。

↘ 两人一组讨论：在下面一些职业中，人类将被或不能被人工智能取代。发挥你的想象，你认为哪些职业中人类将被或不能被人工智能取代？

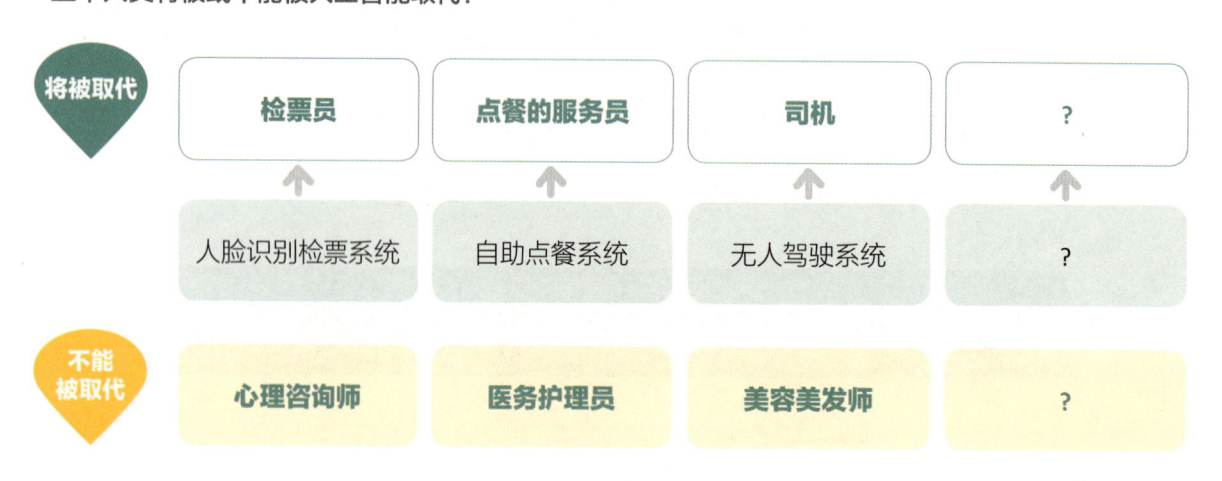

将被取代

检票员	点餐的服务员	司机	?
↑	↑	↑	↑
人脸识别检票系统	自助点餐系统	无人驾驶系统	?

不能被取代

| 心理咨询师 | 医务护理员 | 美容美发师 | ? |

↘ 两人一组，分别挑选一个人类会被人工智能取代的工作和一个人类不会被人工智能取代的工作，参考下图分析原因，可以发挥想象。

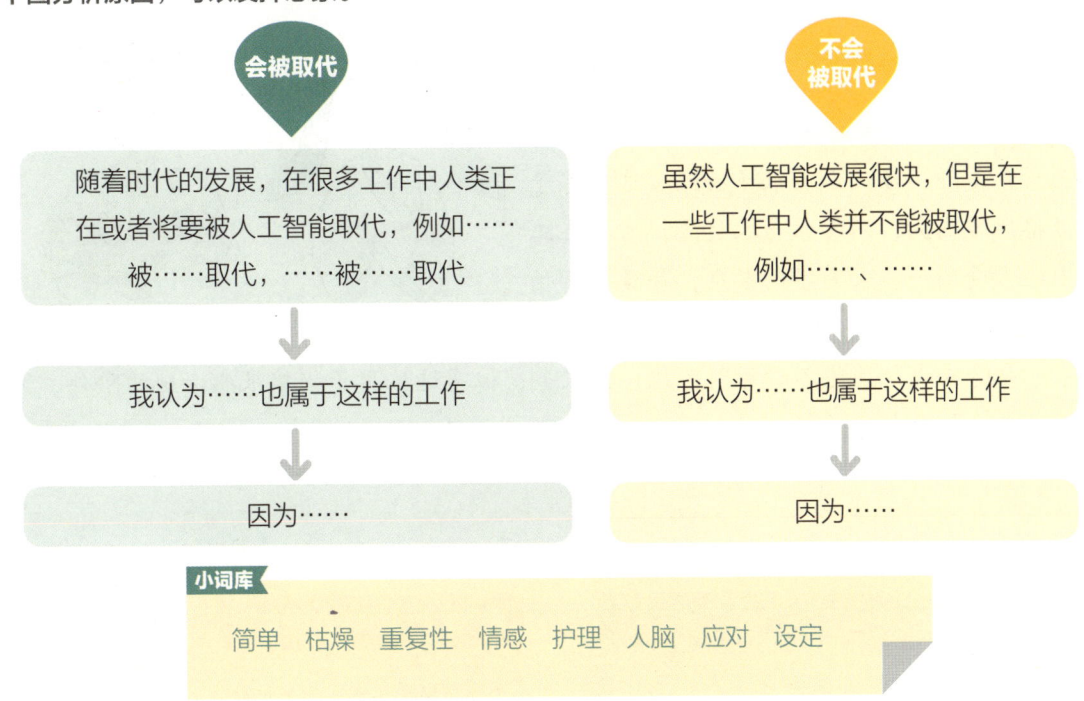

会被取代

随着时代的发展，在很多工作中人类正在或者将要被人工智能取代，例如……被……取代，……被……取代

↓

我认为……也属于这样的工作

↓

因为……

不会被取代

虽然人工智能发展很快，但是在一些工作中人类并不能被取代，例如……、……

↓

我认为……也属于这样的工作

↓

因为……

小词库

简单　枯燥　重复性　情感　护理　人脑　应对　设定

C 机器人伴侣。

↘ 随着人工智能的发展和仿真机器人制造技术的不断提高，"机器人做伴侣"这一话题引起了广泛的讨论，阅读材料完成练习。

1. 根据下面的材料和表格，两人一组分析机器人做伴侣的优点和缺点，可以补充你的观点。

材料一：

有一部老电影，主要内容是说一对夫妻来到一个小镇上。丈夫发现，镇上所有男人的老婆性格都非常好。他觉得很奇怪，就问一个男人："哎，为什么你们的老婆性格都这么好？我的老婆总是跟我吵架。"那个男人悄悄地告诉他："其实她们都是机器人，是我们按照自己的需求设计了程序……"

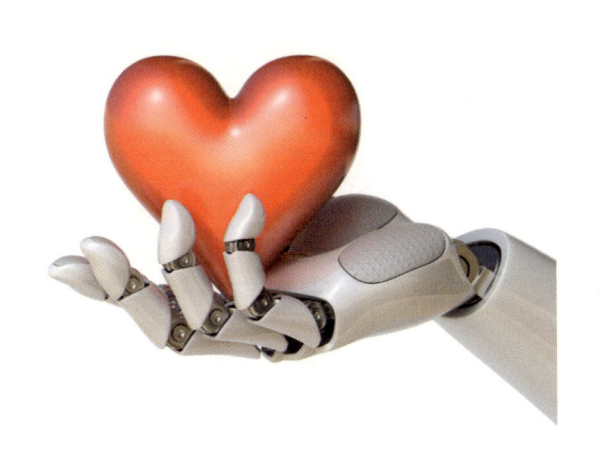

第 10 课　人工智能改变生活

137

材料二：

2018年11月，日本东京有个35岁的男子宣布，他跟"初音未来"正式结婚。"初音未来"是2007年研发出来的虚拟歌手，由于她的歌声动听、美妙，在日本有很多粉丝。这个男子的性格比较内向，不善于与人交流，所以在工作中经常受到一些女同事的欺负，导致他害怕女性，这也是他选择"初音未来"的主要原因。后来"初音未来"因为各种原因可能停止服务，但是这位男子仍然很感谢她的陪伴，觉得和她在一起很幸福。

■ 机器人做伴侣的优点	■ 机器人做伴侣的缺点
☐ 机器人的年龄……，容貌……	☐ 机器人没有人类的情感，……
☐ 机器人的……是完全按照人的要求……的，因此不会……，也不会……	☐ 机器人不能生育。……
☐ 机器人可以做人类做不到的事情，比如……	☐ 机器人有使用寿命，如果服务期到了……
☐ ……	☐ ……

2. 两人一组讨论：你可以接受机器人成为家庭中的一员吗？发挥你的想象，根据下表说一说。

■ 我可以接受	■ 我不可以接受
☐ 首先，随着人工智能的发展，机器人……	☐ 首先，机器人再聪明也……
☐ 其次，我可以按照自己的需求设计……	☐ 其次，家庭成员之间需要交流，……
☐ ……	☐ ……

i PRODUCE

》产出

任务支持

下表中是本课学习的词语,供你在完成任务时选用。

我的表达需要	我的表达工具
描述人工智能产品	智能　人工智能　机器人　报时　指纹　识别　仿真　研发　太空　海底　火星
描述人工智能的好处	节省　效率　缓解　推动　取代　探索　突破 事半功倍　前所未有
指出人工智能的问题	胜任　应对　护理　心理　咨询　情感　承担　伦理　车祸　手术
其他	不愧　枯燥　欺负　分类　镇

任务选择

任务一　我是演说家

以"我对人工智能的理解"为题做一个演讲,谈一谈你所了解的人工智能。

要求:**1.** 时间为两分钟左右。**2.** 至少使用五个本课学习的词语。

任务二　课堂辩论

正方　人工智能利大于弊

反方　人工智能弊大于利

三至四人一组,每组选择一个观点。根据不同观点分正反方进行课堂辩论。在辩论中,不但要清晰地表达、证明自己的观点,而且要反驳对方的观点。

▶ 辩论准备

讨论并整理对方的观点和证明方法,再看看可以从哪些角度反驳,把有关信息填入下表。

我们的观点是:	
对方的观点是:	
对方很可能从这些角度证明观点	我们可以这样反驳
例:一些工作中人工智能可以取代人类	例:很多工作中人工智能并不能完全取代人类

第 10 课　人工智能改变生活

139

（续表）

任务三 实地调查

三至四人一组，选择一个话题，调查你身边的中国人对人工智能的看法。调查内容可以包括：

1. 你认为人工智能是如何改变了当代人的生活的。
2. 请你谈谈人工智能的利与弊。
3. 请你预测人工智能在未来的发展。
4. 你可以接受人工智能机器人成为家庭中的一员吗？请说明理由。

评价

💡 **你觉得你表现得怎么样？请为自己的表现评出相应的等级。**

评价项目	完全不同意	不太同意	一般	比较同意	完全同意
① 对于"人工智能"这个话题，我能说的内容很多。	☹	☹	😐	🙂	🙂
② 有一些词语、结构，我现在知道怎么表达。	☹	☹	😐	🙂	🙂
③ 我可以说很长的句子。	☹	☹	😐	🙂	🙂
④ 我可以说得很有逻辑。	☹	☹	😐	🙂	🙂
⑤ 我完成了学习目标1：理解和使用有关"人工智能"的词语。	☹	☹	😐	🙂	🙂
⑥ 我完成了学习目标2：阐述和分析人工智能带来的好处和存在的问题。	☹	☹	😐	🙂	🙂
⑦ 我完成了学习目标3：阐述在哪些工作中人工智能可以取代人类或不可以取代人类，并分析原因。	☹	☹	😐	🙂	🙂

第11课

卡主还是卡奴？

i PREPARE

》驱动

信用卡让人们在消费时更方便。先消费后给钱，本来是件好事，但有些人因为不能控制自己，消费数额超出了自己的还款能力，成为信用卡的奴隶。请观看一段视频。

牛刀小试

A 双人活动

两人一组讨论，说一说：怎样做才能当好信用卡的主人，而不是信用卡的奴隶？把关键词填写在下表中。

当好卡主不做卡奴	
我应该这样做	1. 2. 3.

B 结果展示

以小组为单位，把讨论的结果向全班简要汇报。

学习目标

通过本课的学习，你将能够：

1. 理解和使用有关"信用卡"的词语。
2. 了解一些人在使用信用卡方面的经验和教训。
3. 就使用信用卡时如何理性消费发表自己的看法。

i EXPLORE

≫ 促成一对话

词语表 🔊 11-1

1	理性	lǐxìng	形	属于判断、推理等活动的。理性认识
			名	经过考虑控制自己的行为。失去理性
2	消费	xiāofèi	动	为满足需要而花钱或接受有偿服务。消费习惯
3	刷卡	shuākǎ	动	把卡片放进或贴近机器用来付钱。
4	潇洒	xiāosǎ	形	动作、神情等自然大方。潇洒地刷卡
5	爽	shuǎng	形	舒服；畅快。
6	透支	tòuzhī	动	经过银行同意，在一定时间、一定数目内，使用超过存款数额的钱。也指花的钱比挣的钱多。透支1000元；过度消费造成透支
7	还款	huán kuǎn		还钱。
8	清醒	qīngxǐng	形	（头脑）清楚；明白。
9	量入为出	liàngrù-wéichū		根据收入的多少来决定花多少钱。
10	大手大脚	dàshǒu-dàjiǎo		形容花钱、用东西没有限制。花钱大手大脚
11	取现	qǔ xiàn		从银行卡里取钱。
12	拆东墙，补西墙	chāi dōngqiáng, bǔ xīqiáng		拆掉东边的墙来补西边的墙。比喻临时勉强这样做，不是根本的办法。
13	利息	lìxī	名	因为存钱或借给别人钱而多得到的钱。
14	手续费	shǒuxùfèi	名	办事过程中要交的钱。
15	欠	qiàn	动	借别人的钱、物没有还或应该给别人的东西没有给。欠朋友100元
16	需求	xūqiú	名	因需要而产生的要求。
17	尽量	jǐnliàng	副	想尽办法在一定范围里做到最大限度。尽量做到
18	记账	jì zhàng		花钱以后记下来。
19	优惠	yōuhuì	形	比一般优厚。优惠条件；优惠活动

第11课 卡主还是卡奴？

143

A 听录音，用简单的话回答问题。 🔊 11-2

1. 田梦为什么要请丁思思的表哥做嘉宾？
2. 丁思思表哥的网名叫什么？
3. 他是什么时候办的第一张信用卡？
4. 刚办信用卡的时候，他的感觉怎么样？
5. 他为什么要办15张信用卡？
6. 后来，他的这种情况是怎么改变的？

B 朗读对话，注意语音语调。 11-2

（田梦和丁思思的表哥通话。）

田梦：您好，我叫田梦，是思思的同学。

思思表哥：你好，田梦。

田梦：我们学生会想做一个"信用卡与大学生理性消费"的主题活动，听说您在使用信用卡方面有很多经验，想请您来做嘉宾。

思思表哥：思思跟我说了，这个没问题。不过我在使用信用卡方面的经验不多，主要都是教训。你看我的网名就知道了。我的网名叫"曾经的卡奴"。

田梦：哈哈，您的网名确实很有特点。那您还记得最开始您为什么要办信用卡吗？

思思表哥：那时候我刚毕业参加工作。有一次去商场，正好有个银行在搞活动，办信用卡送旅行箱。我那时候年轻啊，看到别人刷卡消费觉得很潇洒，再说办卡还有礼物送，我一想，那就办吧。就这样办了第一张信用卡。

田梦：那您一共有多少张卡？

思思表哥：最多的时候有15张。

田梦：这么多？

思思表哥：所以我就成了卡奴了。

田梦：那您为什么要办这么多张卡呢？

思思表哥：这还得从头说。我刚用信用卡的时候，感觉特别爽，想要什么就买什么，好像自己没有花钱一样，根本不考虑这些东西多少钱，到时候能不能还上。

田梦：就是说，您只看到了信用卡的好处——可以透支消费，但是对自己的还款能力没有一个清醒的认识，没有做到量入为出。

思思表哥：没错！后来我又办了好几张卡，花钱越来越大手大脚。没过半年，我的钱就不够还信用卡了。为了还款，我又去办更多的卡，用信用卡取现，拆东墙，补西墙。这样一来，我不仅要还花的钱，还要支付利息和手续费，欠银行的钱越来越多。我从一个潇洒的卡主变成了一个痛苦的卡奴。

第11课 卡主还是卡奴？

145

田梦：那后来这种情况是怎么改变的？

思思表哥：多亏了我的女朋友，她帮我制订了一个"自救计划"。

田梦："自救计划"？

思思表哥：就是自己救自己。

田梦：噢，明白了。您接着说。

思思表哥：这个计划一共有四条。第一条是降低消费需求，尽量增加收入。第二条是改变消费习惯，减少刷卡次数，尽量使用现金结账。第三条是减少信用卡数量，保留必要的两至三张卡。第四条是理性使用信用卡的各项功能。

田梦：这四条等到活动那天请您跟我们具体谈谈，可以吗？

思思表哥：当然可以。

田梦：太好了，那除了用卡的教训，您能不能再跟我们分享一下用卡的经验？

思思表哥：信用卡理性使用的话，其实是有很多好处的。信用卡有账单，能帮助我们记账。使用信用卡可以参加优惠活动，能帮我们省钱。有时候信用卡还能帮我们赚钱。这些我都是跟我女朋友学的。

田梦：是吗？我第一次听说信用卡还能帮我们赚钱！那到时候能不能请您的女朋友也来我们学校讲一讲？

好的，我问问她。

思思表哥

太谢谢您了！

田梦

C 词语练习。

刷卡　还款　记账　优惠

1. 用信用卡_____消费有很多好处。首先，用信用卡支付比用现金方便；其次，可以先消费后_____，先免费用银行的钱；第三，信用卡有_____功能，让我们知道每月花了多少钱；第四，使用信用卡可以参加各种_____活动，帮我们省钱。

理性　透支　拆东墙，补西墙　欠

2. 很多年轻人对使用信用卡没有一个_____的认识，他们大手大脚地花钱，_____消费，然后发现自己还款能力不足。为了还款不得不_____，_____银行的钱越来越多，最终成为一个痛苦的卡奴。

消费　量入为出　取现　利息　尽量

3. 虽然信用卡有透支功能，但是我们一定要_____，理性_____。另外，_____不使用_____等功能，否则要支付比较高的_____和手续费。

D 根据对话内容回答下列问题，注意加点词语的用法。

1. 除了觉得刷卡消费潇洒，思思表哥办信用卡还有什么原因？
2. 思思表哥刚用信用卡时做到量入为出了吗？他是怎么做的？
3. 思思表哥是怎么拆东墙，补西墙的？
4. 用信用卡取现还款和用现金还款的不同是什么？
5. "自救计划"要求思思表哥降低什么，尽量增加什么？
6. "自救计划"要求思思表哥尽量使用哪种支付方式？
7. 卡奴要自救，不仅要减少刷卡次数，还要减少什么？
8. 信用卡是如何帮我们记账的？

E 两人一组，用指定的词语回答问题。

1. 思思表哥使用信用卡的教训是什么？（消费，透支，还款，取现，支付，欠）

   冲动消费；没有做到理性消费；消费时大手大脚
   透支消费；信用卡透支
   还款能力不足；还不上款
   用信用卡取现；使用取现功能；通过取现来拆东墙，补西墙
   支付利息；支付手续费
   欠钱；欠银行的钱越来越多

2. 卡奴的"自救计划"包括哪几条？（尽量，现金，减少，功能）

   尽量增加收入；尽量使用现金
   用现金结账；用现金支付；用现金消费
   减少消费；减少刷卡次数；减少信用卡数量
   透支功能；取现功能；记账功能；理性使用各种功能

3. 根据思思表哥的描述，信用卡有哪些好处？（消费，记账，优惠，赚钱）

   透支消费；先消费后还款
   记账功能；帮助记账
   有优惠活动；价格优惠
   帮助赚钱；利用信用卡赚钱

F 看图说话：参考下图，使用小词库中的词语说一说思思表哥是怎样变成卡奴的。

小词库
刷卡　潇洒
办卡　礼物

小词库
感觉　爽　办卡　花钱
大手大脚

信用卡透支   您别忘了还款

小词库

透支　还款
量入为出

小词库

还款　办卡　取现
拆东墙，补西墙　利息　手续费

我是潇洒的"刷卡族"!

小词库

潇洒　卡主
痛苦　卡奴

第 11 课　卡主还是卡奴？

149

▶▶ 促成—拓展

词语表 🔊 11-3

1	面子	miànzi	名	表面的形象。爱面子；好面子
2	分期	fēnqī	动	在时间上分几次（进行）。分期付款
3	利率	lìlǜ	名	利息和本金的比率。存款利率
4	免息期	miǎnxīqī	名	不用支付利息的一段时间。
5	积分	jīfēn	名	积累的分数。有积分
6	兑换	duìhuàn	动	用证券换取现金或用一种货币换取另一种货币，文中指交换。
7	额度	édù	名	规定的数目。消费额度
8	节制	jiézhì	动	控制。没有节制
9	债务	zhàiwù	名	还债的义务，也指所欠的钱。

A 卡主为什么会变成卡奴? 🔊 11-4

↳ 根据第一段录音说一说:人们用信用卡消费后还款困难的三个原因是什么?

有的人
· 冲动
· 大手大脚

有的人
· 出现问题
· 工作

有的人
· 面子
· 名牌

↳ 根据第二段录音内容填数字。

还_____元　　分_____期　　手续费是_____%/月
每个月需要支付:100 + _____ × _____% = _____元
真正的年利率大概超过_____%

↳ 两人一组,根据第二段录音说一说:分期付款的手续费怎么计算?

要还(　　　),选择(　　　),分(　　　)还

不是每个月只需要……,还需要……

每个月实际需要支付(　　　)

年利率不是7.2%,因为……

真正的年利率大概超过(　　　)

小词库
分期付款
手续费
欠

↳ 两人一组,根据第三段录音说一说:信用卡取现的手续费和利息怎么计算?

信用卡(　　　)既有(　　　)也有(　　　)

手续费是(　　　),最少要(　　　)。就是说……

利息是从……开始计算

每天的利息是(　　　),年利率大概超过(　　　)

小词库
取现
手续费
利息

➢ 三至四人一组，根据三段录音说一说：卡主变成卡奴的两个主要原因。如果还有其他原因，可以补充。

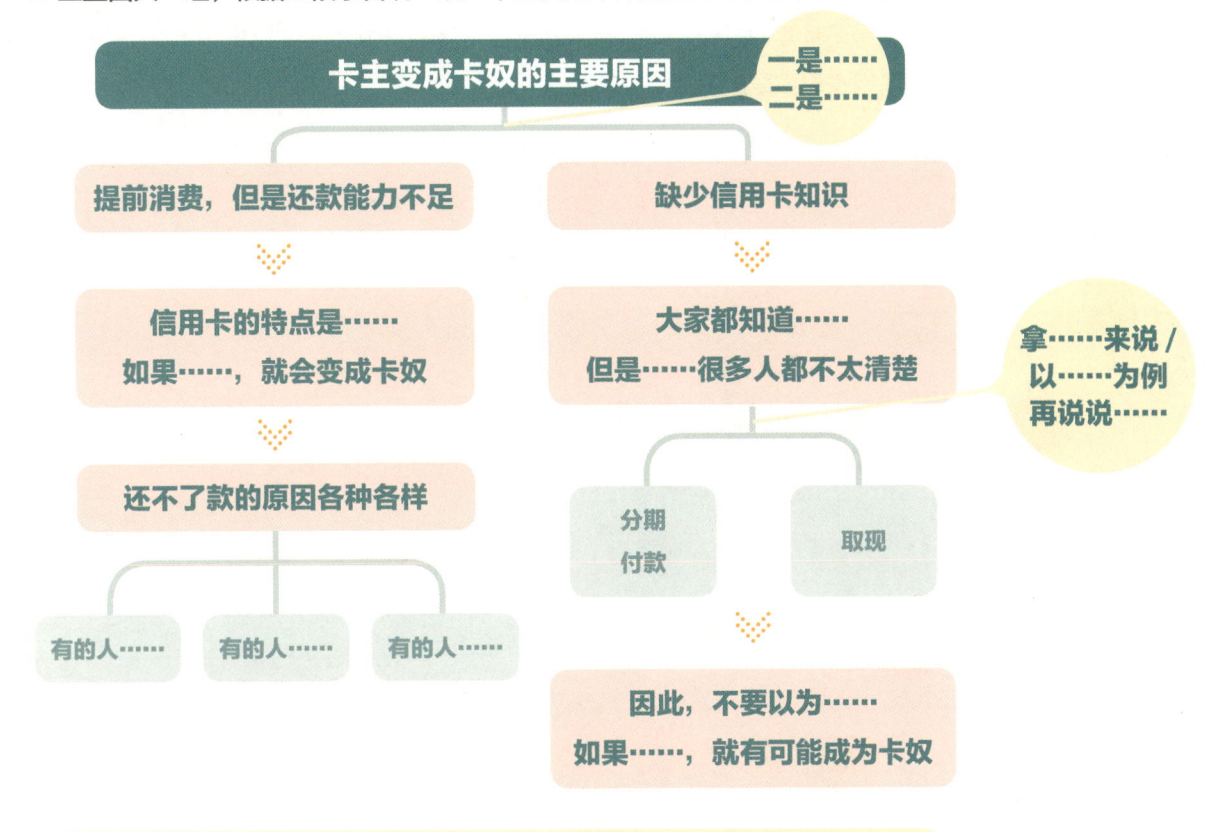

```
                    卡主变成卡奴的主要原因              一是……
                                                     二是……
         ┌──────────────────────┴──────────────────────┐
    提前消费，但是还款能力不足                    缺少信用卡知识
              ↓                                        ↓
     信用卡的特点是……                         大家都知道……              拿……来说 /
     如果……，就会变成卡奴                      但是……很多人都不太清楚      以……为例
              ↓                              ┌─────────┴─────────┐     再说说……
     还不了款的原因各种各样                    分期付款            取现
      ┌───────┼───────┐                              ↓
   有的人…… 有的人…… 有的人……                    因此，不要以为……
                                                如果……，就有可能成为卡奴
```

此外，还有一个 / 一些原因，也可以使卡主变成卡奴……

B 用卡经验谈。

➢ 阅读短文，谈一谈使用信用卡的好处。

1. 下面是思思表哥的女朋友在活动中的发言，她介绍了使用信用卡的六个好处。

　　出门，特别是旅行的时候带很多现金是比较危险的，如果去国外，换钱也很麻烦。用信用卡消费就不会有这些问题。使用信用卡，银行每个月会给你发账单，你可以知道自己一个月一共花了多少钱，钱都花在了哪些地方。另外，银行会和餐厅、网络购物平台等合作，搞一些活动，使用信用卡在这些地方消费可以享受一定的优惠，比如说满100元减20元。信用卡的特点是先消费后还款。如果你突然需要用钱，但是当时没有那么多现金或存款，就可以先刷信用卡，让银行帮你支付，等你有钱的时候再把钱还给银行。只要是在信用卡的还款日前还款，银行就不收利息，等于免费把钱借给你用。因为从你刷卡那天到信用卡还款日这段时间里，银行是不收利息的，所以这段时间被称为免息期。你可以利用这个免息期，用银行的钱消费，把自己的钱用来做短期投资。这样一来信用卡就可以帮你赚钱了。还有，使用信用卡消费有积分，用这些积分可以兑换商品或者优惠券，比如免费咖啡、旅行用品等。因此也可以说，信用卡积分就是钱，赚积分就是赚钱。

（1）三至四人一组，总结使用信用卡的六个好处，把关键词填写在下面。

（2）讨论使用信用卡是否还有其他好处，如果有，补充在"其他"中。

（3）对你来说，使用信用卡最重要的三个好处是什么？

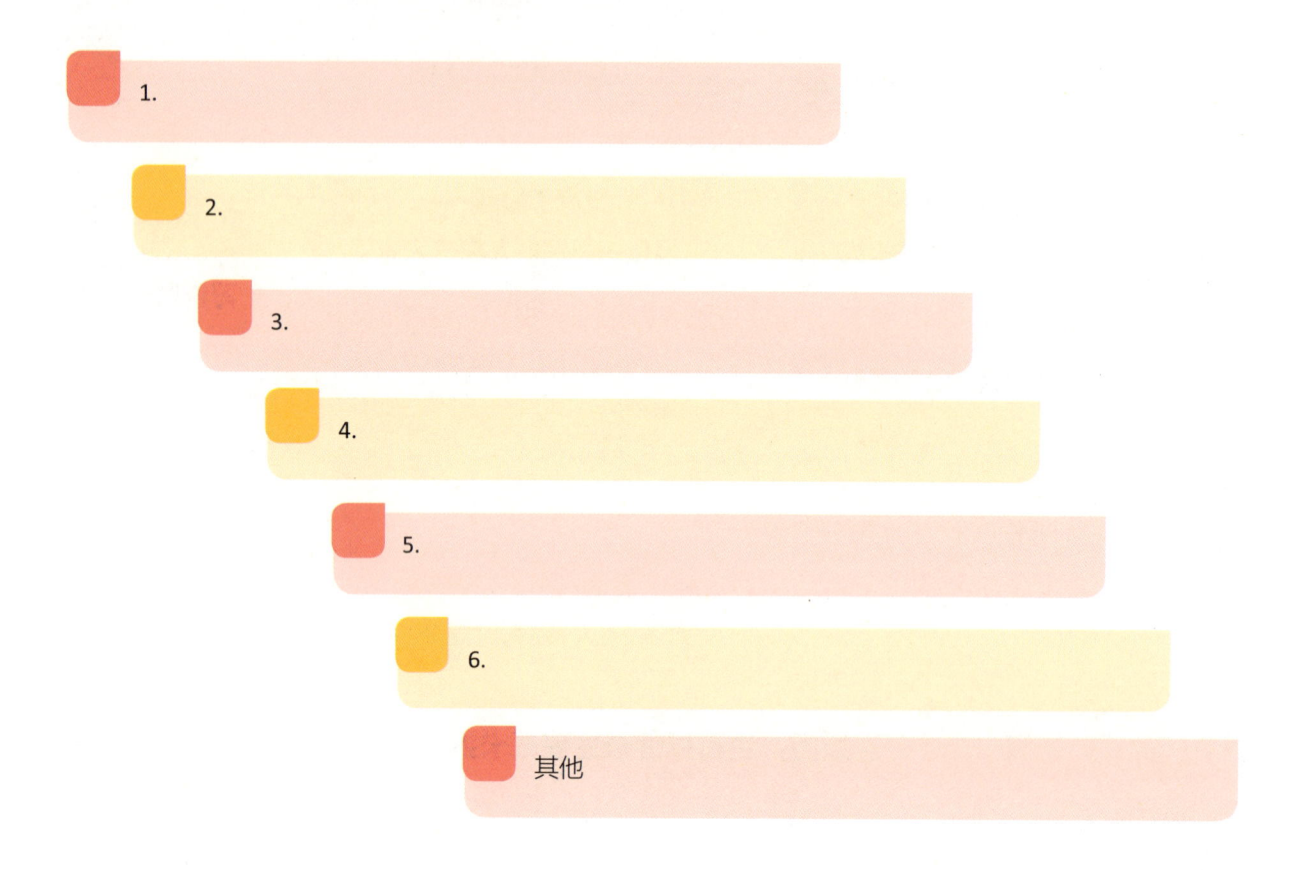

1.

2.

3.

4.

5.

6.

其他

➥ 观看视频，谈一谈卡神的省钱之道。

1. 卡神是如何省钱的？

　　有一些人在使用信用卡时特别善于利用各种优惠活动来省钱，这些人被称为卡神。观看一段视频，根据下面的问题描述一下这位卡神是如何省钱的。

　　（1）他有多少张信用卡？

　　（2）他有多少生活费是靠信用卡省下来的？

　　（3）他为什么要这么省？

　　（4）他的笔记本和小黑板有什么用？

　　（5）他请妻子吃饭、看电影，可以享受到哪些优惠？

2. 如何看待卡神的省钱之道？

　　（1）用一两句话描述你对这位卡神的评价，把关键词写在下面。

我对这位卡神的评价：
_____
_____

（2）看一段视频，听听其他人对这位卡神的评价，将前面写下的关键词进行补充或完善后，写出自己的评价。

我对这位卡神的评价：
_____
_____

（3）三至四人一组，陈述自己的观点：这位卡神的做法是否值得学习？

C 大学生与信用卡。

> 曾经有一段时间，很多银行会在大学校园内搞活动推销信用卡，本科生可以轻松获得 1000—2000 元的信用额度，研究生的信用额度达到 3000—4000 元。信用卡对大学生的影响非常大，因为很多中国家庭里，直到子女读大学，父母都不会教导他们怎样花钱。当大学生突然得到很高的信用额度，刺激和兴奋会让他们在购物时变得冲动、没有节制。信用卡让他们得到了过去无法得到的东西，却也带来了过去从没有过的债务。如果这些大学生带着透支消费的习惯走出校园，走进社会，靠透支信用卡过日子，很快就会成为新的卡奴。所以现在多数银行都不再为大学生办信用卡了。

↪ 三至四人一组，互相介绍自己国家的情况，讨论并回答下列问题。
- 在你们国家，大学生可以办信用卡吗？
- 银行会在大学校园内推销信用卡吗？
- 允许大学生办信用卡是利大于弊还是弊大于利？
- 如果你可以办信用卡，在生活中你更愿意使用信用卡还是用现金消费？

i PRODUCE

》产出

任务支持

下表中是本课学习的词语，供你在完成任务时选用。

我的表达需要	我的表达工具
描述信用卡的功能	透支　取现　分期　账单　记账　积分　兑换
说明信用卡的使用规则	手续费　利息　利率　免息期　额度　换
讨论消费与债务	理性　节制　刷卡　优惠　大手大脚　量入而出 欠　还款　拆东墙、补西墙　教训　投资　潇洒　痛苦　尽量 债务　消费　清醒　面子　需求　爽

任务选择

任务一　我是演说家

观看一段采访视频，内容是关于一些人对"当好卡主不做卡奴"的看法。以"卡主与卡奴"为题做一个演讲，结合自己的情况谈一谈怎样使用信用卡才能当好卡主不做卡奴。

要求：1. 时间为两分钟左右。2. 至少使用五个本课学习的词语。

任务二　角色扮演

四至五人一组，一人扮演主持人，其他人分别扮演银行的工作人员、曾经的卡奴、卡神和大学生。以"当好卡主不做卡奴"为主题做一期访谈节目，在节目中要介绍信用卡的使用规则，讨论使用信用卡的利弊，宣传理性消费。

要求：每人至少使用五个本课学习的词语，把这些词语填写在下面。

```
我的词语
1.     2.     3.     4.     5.
```

任务三　实地调查

三至四人一组，采访至少三位中国人，了解他们的信用卡使用情况。分析调查结果，给出你们的结论或看法。

下面是一些供参考的问题，可以删除你们不感兴趣的，补充你们感兴趣的。

1. 你有几张信用卡？
2. 这些信用卡都经常使用吗？
3. 你使用过信用卡的积分吗？如果是，你使用积分兑换了什么？
4. 你用信用卡消费时参加过优惠活动吗？如果是，你经常参加吗？
5. 你使用过信用卡的自动还款功能吗？
6. 你使用过信用卡的取现功能吗？
7. 你了解用信用卡取现时，银行会收哪些费用吗？
8. 你使用过信用卡的分期付款功能吗？
9. 你每个月的信用卡额度都会花光吗？
10. 你觉得还信用卡有压力吗？
11. 信用卡消费和现金消费，你更喜欢哪一个？

评价

你觉得你表现得怎么样？请为自己的表现评出相应的等级。

评价项目	完全不同意	不太同意	一般	比较同意	完全同意
① 对于"信用卡"这个话题，我能说的内容很多。	☹	☹	😐	🙂	😊
② 有一些词语、结构，我现在知道怎么表达。	☹	☹	😐	🙂	😊
③ 我可以说很长的句子。	☹	☹	😐	🙂	😊
④ 我可以说得很有逻辑。	☹	☹	😐	🙂	😊
⑤ 我完成了学习目标1：理解和使用有关"信用卡"的词语。	☹	☹	😐	🙂	😊
⑥ 我完成了学习目标2：了解一些人在使用信用卡方面的经验和教训。	☹	☹	😐	🙂	😊
⑦ 我完成了学习目标3：就使用信用卡时如何理性消费发表自己的看法。	☹	☹	😐	🙂	😊

第12课 夜经济，夜生活

i PREPARE

>> 驱动

世界上的很多大城市都是"不夜城",每个夜晚都有像白天一样丰富多样的社会生活和经济活动。我们先来听听世界各国的青年介绍自己家乡的夜经济、夜生活。

牛刀小试

A 双人活动

两人一组讨论,说一说:

1. 第一段视频中提到了哪些夜间营业,甚至 24 小时营业的场所?
2. 看完第二段视频,你们觉得这些场所在夜间继续营业有什么好处?把关键词填写在下表中。

场所	好处

B 结果展示

以小组为单位,把讨论的结果向全班简要汇报。

学习目标

通过本课的学习,你将能够:

1. 理解和使用有关"夜经济、夜生活"的词语。
2. 描述中国不同城市夜经济、夜生活的发展情况和特点。
3. 结合各国差异,对发展夜经济的好处和存在的问题发表看法。

i EXPLORE

促成一对话

词语表 🔊 12-1

1	营业	yíngyè	动	（商业、服务业等）经营业务。营业时间；停止营业
2	欣欣向荣	xīnxīn-xiàngróng		形容指草木生长旺盛。比喻事业蓬勃兴旺。国家欣欣向荣；欣欣向荣的社会
3	遍布	biànbù	动	散布各地；分布到所有地方。遍布全世界；……遍布着酒吧、饭店
4	夜市	yèshì	名	夜间的市场。逛夜市；开夜市
5	柏林	Bólín	名	地名，德国的首都。
6	餐饮	cānyǐn	名	饮食（多指经营性的）。发展餐饮业；餐饮服务
7	曲艺	qǔyì	名	中国说唱艺术的总称。看曲艺表演
8	戏曲	xìqǔ	名	中国传统的戏剧形式。戏曲演出
9	剧场	jùchǎng	名	供戏剧、歌舞、曲艺等演出的地方。
10	雇	gù	动	出钱让人给自己做事。雇人；雇工
11	连锁	liánsuǒ	形	一环接一环，连续不断。对话中指一个公司有多个分店。连锁店；连锁集团；连锁店遍布全球
12	配套	pèitào	动	把多种相关事物组合在一起成为一整套。
13	一应俱全	yìyīng jùquán		一切都具备。
14	凌晨	língchén	名	天快亮的时候，也指从夜里十二点后到天亮前的一段时间。凌晨时分；营业到凌晨
15	络绎不绝	luòyì bù jué		形容人、马、车、船等连续不断。络绎不绝的行人；顾客络绎不绝
16	通宵	tōngxiāo	名	整个夜晚。通宵学习；通宵营业
17	天安门	Tiān'ān Mén		景点名。
18	夜宵	yèxiāo	名	夜间吃的食物。吃夜宵；买夜宵

第 12 课 夜经济，夜生活

A 听录音，用简单的话回答问题。 🔊 12-2

1. 冯尚德的家乡是一个什么样的地方？
2. 和北京相比，韩国大城市的夜晚怎么样？
3. 马波罗不想去看电影，想去做什么？
4. 他们为什么决定不去剧场？
5. 陈新阳说的那家 24 小时书店大不大？
6. 如果夜里在那家 24 小时书店看书看累了，可以做什么？

B 朗读对话，注意语音语调。 12-2

（四个留学生周五晚上在小吃街聚餐后。）

朴智慧：时间过得可真快，都快 9 点了。吃了这么多好吃的，得散散步。咱们去旁边的商场逛逛吧，反正那里 10 点才关门。

冯尚德：这正是我喜欢中国的原因之一，每天商场都营业到很晚，太方便了。现在我太习惯北京这种热热闹闹、欣欣向荣的生活了，回国过寒假的时候只觉得每天都安安静静的，好像少了点儿什么。

朴智慧：韩国的大城市，夜生活也是非常丰富的，比如我大学附近几条街就遍布着夜市、酒吧，比这儿还热闹。我觉得欧洲国家只是晚上购物不太方便，在吃喝玩乐方面，夜晚的活动也挺丰富的。

冯尚德：我家乡是一个小镇，人口太少，安静得都有点儿冷清了。在柏林那样的大城市读书时，夜晚的餐饮娱乐活动当然都挺丰富的。我在柏林的时候就喜欢看夜场电影。对了，咱们逛完商场再去看场电影吧。这家商场里的电影院是24小时营业的。

马波罗：我倒更想去看夜场演出。我在意大利时也最喜欢看夜场演出。咱们可以先逛商场，结束以后再去看场曲艺或者戏曲表演吧。都说北京是"文化之都"，我们也感受一下它的特色。再说剧场离这儿也不远。

朴智慧：剧场虽然不远，可票应该早卖完了。今天就先看电影吧，下次再看演出。

陈新阳：你们去看电影吧，我去附近那家24小时营业的书店。等你们看完电影我再去找你们一起走。

马波罗：啊？书店也有24小时的？

陈新阳：当然！我去过一次，当时就觉得特别过瘾。

冯尚德：24小时营业成本很高的。我猜这家店一定不大，应该就一个老板再雇上一两个人，主要接待熟客对吗？

陈新阳：你猜错了。那家书店是一家连锁书店，上下两层，面积很大，还有专门的休息区，提供沙发、咖啡、饮料、Wi-Fi、充电宝……配套服务和设施一应俱全，又方便又舒适。

马波罗：这么说来，顾客和员工一定都少不了了。

陈新阳：没错。上次我从晚上 9 点待到凌晨，客人一直络绎不绝，有熟客，也有第一次去的。我看书看累了，就在沙发上跟他们喝喝咖啡、聊聊天儿。有人和我一样就爱读书，专门周末晚上过来，要看个通宵过瘾。有人是来旅游的，打算看书看到天快亮，再直接去天安门广场看升国旗。当然，大部分人没办法看那么长时间的书，买到书以后就出来吃夜宵了。

冯尚德：那咱们也别逛商场看电影了，走，都跟新阳看书、买书去。

陈新阳：好啊，你们一定会喜欢那儿的氛围的。

朴智慧：对！反正新阳说了，看累了、看饿了，出来吃夜宵也很方便。

马波罗：你们真是精神享受、物质享受都安排好了！

陈新阳：我看挺好！既丰富了生活，又促进了经济发展。有吃、有喝、有文化。就像你说的，咱们的夜生活多有北京特色！咱们这就走吧！

C 词语练习。

欣欣向荣　遍布　凌晨　通宵

1. 很多大城市的市中心_____着酒吧、饭店。从天黑到_____两三点，甚至_____，都有热闹的夜生活和丰富的夜间经济活动，到处_____，只是会有点儿吵。很多小城市、小镇，人口较少，没有丰富的夜生活，但是非常安静。

营业　餐饮　剧场　夜宵

2. 发展夜经济的方式有很多_____安排夜场演出，电影院播放夜场电影，博物馆开放夜间参观，丰富人们的娱乐生活；商场在夜间继续_____，方便人们购物；_____业的经营时间从天黑持续到凌晨，为人们提供晚餐和_____；酒吧、夜店等为人们提供休闲、社交的空间。

> 连锁　配套　一应俱全　络绎不绝

3. 很多城市都有丰富的夜间文化生活，除了24小时影院，还出现了很多24小时营业的书店。对话中的_____书店也开了一间很大的24小时分店，从白天到夜晚，客人_____。书店里还有舒适的休息区、上网区，并售卖咖啡等饮品，各种_____服务和设施_____。

> 雇　营业　配套

4. 开办夜市有很多好处。首先，可以丰富人们的生活，让人们在一天的工作、学习之余，获得更多的精神、物质享受；其次，可以促进经济发展，让商家通过延长_____时间和提供更多_____服务，获得更多收入；再次，也可以为社会提供工作机会，因为在夜间提供服务的商家也需要_____更多工作人员。

D 根据对话内容回答下列问题，注意加点词语的用法。

1. 北京的商场在营业时间上有什么特点？
2. 柏林的夜间餐饮娱乐情况怎么样？请举例说明。
3. 马波罗为什么想去剧场看夜场曲艺或者戏曲表演？
4. 冯尚德认为，24小时营业的成本会怎么样？为了控制成本，老板可能怎么雇人？
5. 那家24小时书店为络绎不绝的客人提供了哪些配套服务和设施？
6. 除了打算通宵看书过瘾的，那家24小时书店还有什么样的客人？
7. 去夜间书店看书和出去吃夜宵，分别是哪种享受？

E 两人一组，用指定的词语回答问题。

1. 发展夜经济的方式包括哪些？（夜市，营业，剧场，凌晨，通宵）

> 开办夜市；夜市里的小商品买卖
> 商场夜间营业；书店夜间营业；酒吧夜间营业
> 剧场夜间营业；酒吧营业到凌晨；电影院通宵营业

2. 人们的夜生活包括哪些？（夜市，夜宵，剧场，通宵）

> 逛夜市；去夜市吃小吃；吃夜宵
> 去剧场看……表演；在剧场看……演出
> 看通宵电影；在24小时书店通宵看书

第12课 夜经济，夜生活

163

3. 好的夜间经济活动中心可能有哪些特点？（络绎不绝，雇，配套，一应俱全）

> 顾客络绎不绝；人来人往，络绎不绝
> 需要雇大量人手；商家雇了很多人
> 配套设施很完善；配套服务
> 设施一应俱全；提供一应俱全的配套服务和设施

4. 发达的夜经济对个人有什么好处？对社会呢？（一应俱全，欣欣向荣）

> 物质生活、文化生活等方面的设施和服务一应俱全
> 让……欣欣向荣；使……欣欣向荣

F 假设你也去了对话里这家 24 小时书店，要在"中国社会"课上为大家介绍书店的情况，并简单谈谈自己对 24 小时书店及夜间经济活动的看法。根据提示和小词库，三至四人一组，讨论后选一人在全班发言。

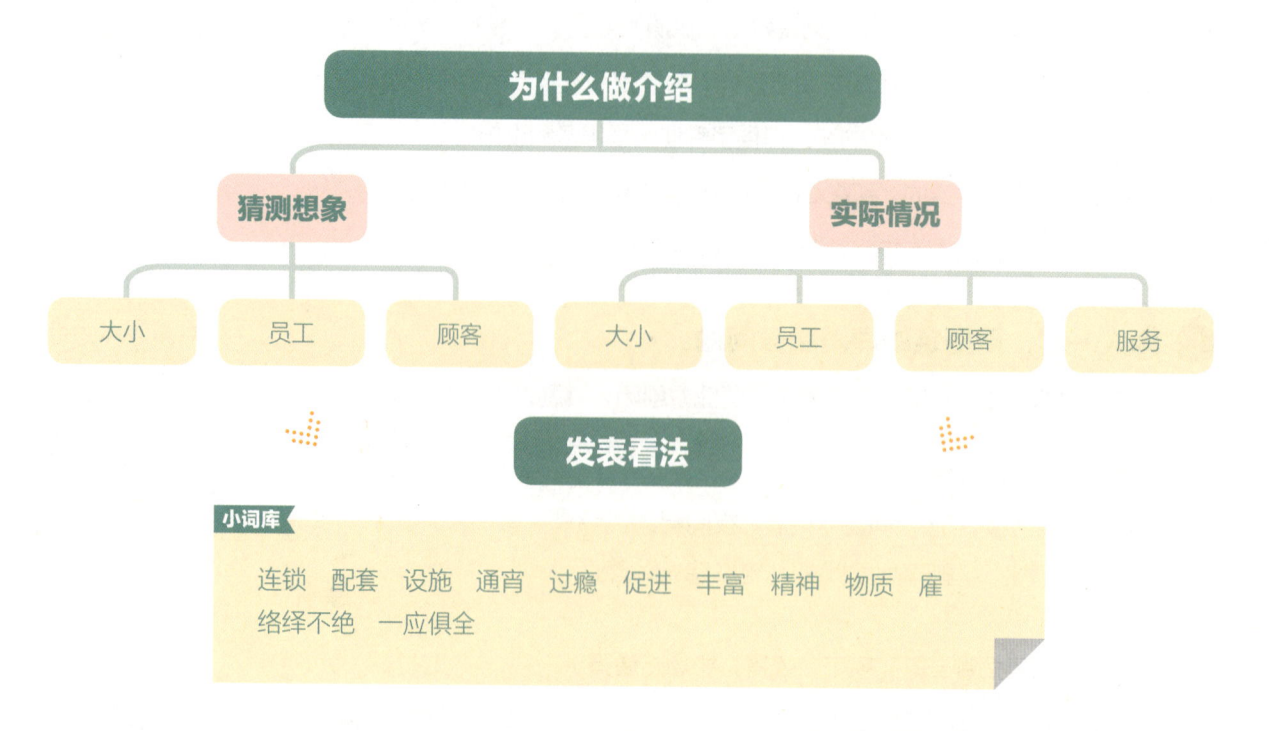

```
                    为什么做介绍
          ┌──────────────┴──────────────┐
       猜测想象                      实际情况
    ┌────┼────┐              ┌────┬────┬────┐
   大小  员工  顾客           大小  员工  顾客  服务

                    发表看法
```

小词库

连锁　配套　设施　通宵　过瘾　促进　丰富　精神　物质　雇
络绎不绝　一应俱全

G 角色扮演：两人一组，一人扮演来自小城镇的学生，一人扮演来自大城市的学生。互相介绍各自家乡的夜生活情况，并说明自己是否喜欢夜生活。请尽量使用小词库中的词语。用了哪个，请画"√"。

小词库

镇　城市　夜市　剧场　凌晨　夜宵　营业　遍布
络绎不绝　安安静静　冷冷清清　热热闹闹　欣欣向荣

》》促成—拓展

词语表 12-3

1	繁荣	fánróng	形	经济等发展得很好。市场繁荣；城市繁荣
2	密度	mìdù	名	疏密的程度。密度高；密度低
3	治安	zhì'ān	名	社会的安宁秩序。治安良好；治安不好
4	就业	jiùyè	动	得到工作；参加工作。促进就业；就业人数
5	差别	chābié	名	形式或内容上的不同。有所差别；差别很大
6	北上广深	Běi-Shàng-Guǎng-Shēn		指北京、上海、广州、深圳四个城市。
7	省会	shěnghuì	名	省行政机关所在地。省会城市
8	噪声	zàoshēng	名	听起来让人不舒服的声音。制造噪声；噪声很大；噪声污染
9	关注	guānzhù	动	关心重视。关注健康；关注……问题；表示关注
10	港口	gǎngkǒu	名	在河、海的岸边设有码头，可以让船只停靠等的地方。港口城市
11	繁华	fánhuá	形	繁荣热闹。繁华的夜市；繁华的港口

第 12 课 夜经济，夜生活

165

A 头脑风暴。

↘ 三至四人一组，讨论：以下这些方面，对一个地区或城市的夜经济发展有什么影响？

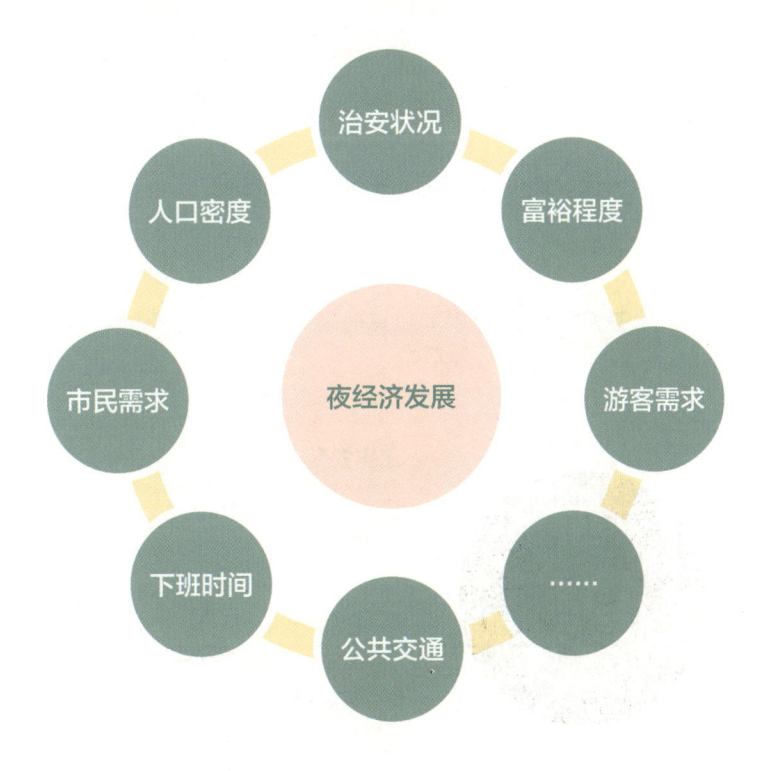

- 治安状况
- 富裕程度
- 游客需求
- ……
- 公共交通
- 下班时间
- 市民需求
- 人口密度

夜经济发展

B 城市发展。 🔊 12-4

↘ 听第一段录音，根据提示谈一谈：什么是夜经济？

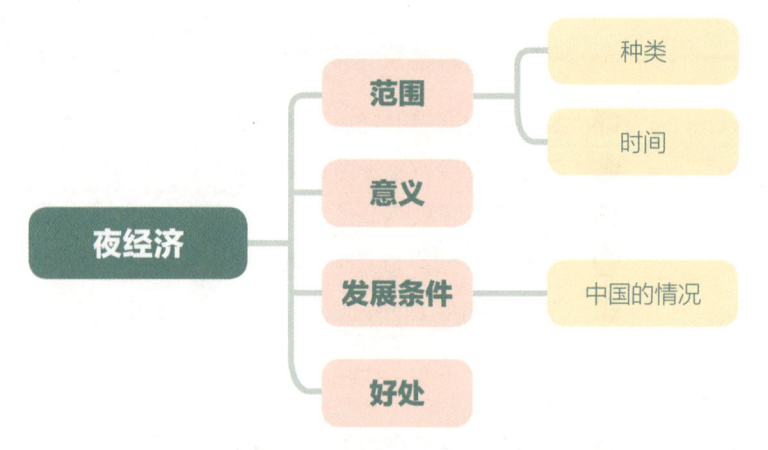

```
                         ┌─ 种类
                  ┌─ 范围 ┤
                  │      └─ 时间
                  │
                  ├─ 意义
        夜经济 ───┤
                  ├─ 发展条件 ── 中国的情况
                  │
                  └─ 好处
```

↘ 听第二段录音，根据提示谈一谈：中国的小城镇与大城市在发展夜经济上有什么差别？

……与……不同，发展……应该有一些差别

▽

时段方面

| 小城镇…… | 北上广深等大城市…… |

▽

活动方面

| 小城镇…… | 北上广深等大城市…… |

↘ 听第三段录音，根据提示谈一谈：如何保证夜经济的繁荣和发展？

- 配套服务
  · 原因
  · 中国和其他国家对比

- 工作生活

- 不同需求
  · 举例
  · 办法

C 同一个夜晚，不同的夜空。

➲ 三人一组，谈谈你所了解的北京、上海、广州。

	冬季 是否寒冷	餐饮文化 是否发达	国际化程度 高还是低	是不是 港口城市	是不是 古都
北京					
上海					
广州					

➲ 阅读文章，完成练习。

同一个夜晚，不同的夜空

为了刺激消费、促进经济发展，夜经济已经成为众多城市近年来发展的重点。继北京、上海之后，广州也正式提出了《广州市推动夜间经济发展实施方案》。至此，北京、上海、广州这三个一线城市，均已发出了促进夜经济发展的政策性文件。中国经济很发达、居民消费能力很强的三个城市如何"点亮"夜经济，受到全社会的关注和期待。

三个城市均提出要为夜经济的发展和繁荣创造更好的环境，继续完善公共交通、垃圾处理等配套设施及服务。同时，各城市都从自己的城市特色出发，强调了不同的发展重点：广州继续强调"食在广州"的传统，北京将突出"文化古都"的特色，上海则追求"国际化"。

广州气候温暖，一年四季都适合夜间出行和出游，发展夜经济的基础良好，条件优越。一直以来，"食在广州"也是广州的城市名片。广州将以"食在广州"的美食传统为基础，在各个城区分别举办美食节，鼓励各城区、街区发展更加丰富多样的餐饮中心。

北京更希望突出"文化古都"的特色，将在晚上到夜间推出包括电影、戏剧等内容的"夜京城"文化休闲活动，继续发展24小时书店，并鼓励有条件的博物馆、美术馆延长开放时间，在传统节日开放夜场参观。

上海则追求"国际化"，学习国际经验，促进国内外交流合作。例如，向欧洲多个大城市学习，由专门的"夜间市长""夜间区长"为夜间营业的商家、夜间消费者提供服务；与世界多个港口城市一样，在周末、节日夜晚举办灯光秀，再现"夜上海，不夜城，华灯起，乐声响"的繁华与浪漫。

1. 两人一组，阅读短文第一、二段，回答问题。请使用小词库中的词语。用了哪个，请画"√"。

（1）北京、上海、广州这三座城市有什么特点？

小词库

一线　发达　人口　消费能力

（2）三座城市为什么先后发出促进夜经济发展的文件？

> **小词库**
>
> 刺激　促进　重点

（3）三座城市在发展夜经济方面有什么共同之处？

> **小词库**
>
> 发展　繁荣　创造　环境　完善　交通　配套

（4）三座城市各自的夜经济发展重点分别是什么？

> **小词库**
>
> 强调　突出　追求

2. 三至四人一组，根据短文分析北京、上海、广州三座城市发展夜经济的不同情况。

三座城市基本情况

发展目标
- 原因背景
- 政策支持
- 共同方向

具体措施
- 北京
- 上海
- 广州

> **小词库**
>
> 一线　配套　港口　古都　戏曲　曲艺　秀
> 优越　繁荣　繁华
> 促进　刺激　消费　完善

i PRODUCE

产出

任务支持

下表中是本课学习的词语，供你在完成任务时选用。

我的表达需要	我的表达工具
描述发展夜经济的时段和形式	通宵　凌晨 餐饮　夜市　夜宵　剧场　曲艺　戏曲　营业　连锁　遍布
说明发展夜经济的好处	欣欣向荣　络绎不绝　一应俱全　繁荣　繁华　雇　就业
说明影响夜经济发展的因素	治安　配套　密度　省会　港口　差别
分析发展夜经济可能带来的问题	噪声　关注
其他	柏林　天安门　北上广深

任务选择

任务一　特邀评论员

你接受一家中文媒体的邀请，为他们介绍、分析你所在城市的夜经济发展情况。介绍、分析的内容可以包括以下几条。

1. 简要说明什么是夜经济，发展夜经济需要哪些条件。
2. 你现在生活的这座城市，夜经济发展得怎么样？有哪些特点？
3. 对于是否应该发展夜经济、如何发展夜经济，你有哪些建议？

任务二　实地调查

采访一些中国人以及在中国生活的外国人，了解他们在中国的夜生活的情况以及他们对中国夜生活的看法和评价，根据他们的回答进行统计和汇报。

要求：1. 按受访者的年龄、国别、职业等进行分类总结。2. 至少调查四个人。3. 至少使用五个本课学习的词语。

任务三　文化对比

对比中国某城市和你的家乡，或对比其他两个你生活过的地区夜经济的发展情况，分析引起对比结果异同的原因，做出对比报告。至少使用五个本课学习的词语，并从以下几个方面进行对比。

1. 夜间经济活动种类及一般时段。
2. 夜间经济活动的季节特点。
3. 参与夜间经济活动的主要群体。
4. 政府对夜间经济活动的政策。

评价

💡 **以下几个方面我做到了。（请画"√"，并简单说明。）**

☐ 1. 我使用了新学的词语，比如：＿＿＿＿＿＿＿＿＿＿＿＿＿＿＿＿＿＿＿＿＿＿

☐ 2. 我用到了课本中的一些内容，比如：＿＿＿＿＿＿＿＿＿＿＿＿＿＿＿＿＿＿

☐ 3. 我说了几个很长的句子，比如：＿＿＿＿＿＿＿＿＿＿＿＿＿＿＿＿＿＿＿＿

☐ 4. 我的发言，逻辑很清楚，主要结构是：

　　开头：＿＿＿＿＿＿＿＿＿＿＿＿＿＿＿＿＿＿＿＿＿＿＿＿＿＿＿＿＿＿＿＿

　　中间：＿＿＿＿＿＿＿＿＿＿＿＿＿＿＿＿＿＿＿＿＿＿＿＿＿＿＿＿＿＿＿＿

　　结尾：＿＿＿＿＿＿＿＿＿＿＿＿＿＿＿＿＿＿＿＿＿＿＿＿＿＿＿＿＿＿＿＿

☐ 5. 我进行了文化对比，比如：＿＿＿＿＿＿＿＿＿＿＿＿＿＿＿＿＿＿＿＿＿＿＿

附录一

录音文本

第1课　友谊的小船要远行　🔊 1-4

求助者1 🔊 1-4-1

　　我的一位同乡上周来北京了。在老家时我俩曾是亲密无间的朋友。后来我到北京读大学，毕业之后找到工作就留下来了。他这次来北京是为了参加一个面试。他提出要在我家借住一个月，我便热情地答应了，可是这么一来我爱人不高兴了，说我不应该这么不顾家人的感受，让朋友打乱我们的生活。人们常说"在家靠父母，出门靠朋友"，难道朋友出门在外有困难我不该出手相助吗？

求助者2 🔊 1-4-2

　　我的中学同学上次打电话跟我说他做生意差5万块钱，想跟我借。虽说中国有句俗话，说的是朋友之间应该"有福同享，有难同当"，可我还是下不了决心借钱给他。我担心的是：做生意这种事说不准会不会赔钱，要是这5万块钱"一去不回头"，我应不应该找他要呢？然而不借的话他肯定不高兴，觉得我不够朋友。我心里很乱，面对这样找我借钱的朋友我到底该怎么办呢？

求助者3 🔊 1-4-3

　　我的好朋友小琪最近好像心里有事，总是闷闷不乐的。我问了她好几次，她都说"没什么"。后来从别人口中我才知道，她的父母正在闹离婚。这又不是她的错。她为什么不告诉我，瞒着我呢？我觉得朋友之间应该亲密无间、无话不说，好朋友有了苦恼就应该一起分担。小琪这样等于没把我当自己人。想到这些，我就挺不开心的。

求助者4 🔊 1-4-4

　　这些日子，我感觉自己快要疯了，因为我快变成一只感情的"垃圾桶"了。玲玲最近找工作不太顺利，到处被拒绝。她很烦恼，就每天跟我讲她的各种烦心事。一开始我还比较有耐心，总是劝她说以后会有更多的机会，还给她提了一些建议，这样一来她就感觉好多了，可是过两天她又来了，没完没了……时间一长我也烦了。

第2课　我想去旅游　🔊 2-4

跟团游 🔊 2-4-1

　　这次我带我爸妈出国旅游选的是跟团游。我觉得跟团游最大的好处就是省心。自己设计路线太麻烦，跟团游走的都是经典路线，该去的地方基本上都包括了。有导游带着玩，吃饭、住宿、交通都不用自己操心。另外，我们是第一次去这个国家，对那个地方不太了解，还是跟团游有人照顾，比较安全。再说我的英语不太好，跟团游也不用担心语言问题。

自由行 2-4-2

我每年都要出去旅游一两次，每次都是自由行。我不喜欢跟团游主要有三个原因。第一，跟团游常常上车睡觉，下车拍照，时间紧张，走马观花。自由行什么都是自己决定，想玩多长时间就玩多长时间。第二，跟团游只能按照旅行社安排好的路线玩。自由行我可以根据自己的需要设计路线，去自己想去的地方。第三，跟团游总是被带去购物场所，不但浪费旅游时间，有时候还要被强迫购物。自由行是我想买东西才会去购物场所，购物不是被强迫的。另外，有人觉得自由行麻烦，可是我觉得，旅游时自己坐车、问路、吃饭都是一种很好的体验，旅游很重要的一部分就是体验当地人的生活，不是吗？

半自由行 2-4-3

这是我们第一次选择半自由行。我们有五天的假期，正好在旅游网站查到了一个五天的半自由行产品，出发时间和我们计划的一样。费用包括机票和住宿，我查了一下，比我们自己订要便宜不少，挺合适的。我觉得半自由行的好处就是比自由行便宜，比跟团游自由。但是半自由行也有一个小问题，就是航班和酒店都不能随便选，有时候出发日期也不能随便选，如果航班、酒店或者日期不合适，就订不了这种产品。

私人定制旅游 2-4-4

上次我们一家人出国旅游，没有跟团，选的是私人定制。我们一家人一个团，除了导游和司机，没有别的人。旅行社按照我们的要求设计路线、安排住宿和交通。我们可以吃我们想吃的，玩我们想玩的。旅行社给我们推荐的餐厅都是当地的特色餐厅，酒店的位置也非常好，可以看到很美的风景。我们对这次旅行非常满意。虽然价格比跟团游贵得多，但是享受的都是最好的服务。我们平时工作很忙，自由行太麻烦，根本没时间准备，我们又想吃得好、住得好、玩得好，不想跟团游。对我们这样的人来说，私人定制是最好的选择。

第3课 话说"相亲" 3-4

受访者1 3-4-1

我觉得如果想谈恋爱却没有对象的话，相亲这种方式挺实用的。由于是比较熟悉的人介绍的，所以男女双方知根知底，对彼此的情况都一清二楚。不管能不能谈恋爱，至少不会上当受骗，比较安全。此外，相亲的男女双方大多来自同一个地方，所以生活习惯、文化环境等也比较接近，很少会出现文化方面的冲突。

受访者2 3-4-2

我感觉我不适合相亲。我相过一次亲，但我这个人不善于表达，到了相亲的那种场合就更紧张了，不知道聊什么话题好。所以说，如果相亲的两个人中有一个是开朗外向的人，能找个话题让两个人聊起来还好，还自然一些；如果两个都是内向的人，就别相亲了，特别别扭，很难进入谈恋爱的状态，也找不到那种来电的感觉。

受访者 3 3-4-3

我感觉相亲特别功利，不管对方人品怎么样，性格合适不合适，双方首先知道的是对方长得怎么样，是干什么工作的，有没有房，有没有车，家里有没有负担，然后再决定见不见面。我觉得好像决定这场恋爱的不是感情，而是各种外在的条件。这样的相亲显得太实际了，我不喜欢，没有谈恋爱的幸福感。

受访者 4 3-4-4

人们都说相亲的目的性太强了。我倒觉得谈恋爱有目的性挺好。谈恋爱是为了什么？就是为了结婚。来相亲的两个人如果觉得对方合适，该谈恋爱就谈吧，到一定时候该结婚就结婚吧！有些人谈恋爱没目的，或者把恋爱本身当目的，谈了好几年也不提结婚的事，就像跑步没有终点，不累吗？

受访者 5 3-4-5

我认为，能够接受相亲这种形式的，一般都是已经到了成家的年龄，想要谈婚论嫁的人，所以他们大多比较成熟。即使恋爱的过程中一方表现出一些缺点，有一些毛病，另一方也能比较宽容，调整自己，慢慢适应。这样谈恋爱的话就不像很多年轻人那么幼稚，只要一吵架，就闹分手，一会儿甜甜蜜蜜，一会儿要死要活的。

第 4 课　生，还是不生？ 4-4

王珊珊和王晴晴姐妹俩 4-4-1

王晴晴：姐，你今天吃饭时说的都是真的吗？你确实已经想好了，真的不要孩子？

王珊珊：当然，我几年前就决定了。

王晴晴：可几年前你在国外工作时，还打电话跟我抱怨单身的人交的税最高，得到的补贴最少，想生个孩子。

王珊珊：那当然是开玩笑的！怎么能为了减税和福利去生孩子？

王晴晴：咱爸妈倒是挺开明的，你真的不生孩子，他们也不会说什么。就是不知道未来的姐夫和姐夫的爸妈能同意不。

王珊珊：我结不结婚还不一定呢！再说了，生孩子只应该有一个原因，那就是自己爱孩子，想做父母。而不应该是受任何人的影响，更不应该是大家都生孩子，所以就把生孩子当成一个必须完成的任务。

王晴晴：好吧，你自己多考虑考虑。好在我还没毕业，可以过几年再考虑这个问题，或者就像陈武说的那样，先顺其自然，以后工作了、结婚了再说。

王珊珊：你还小呢，确实不用现在就想着这件事。等你毕业后工作几年，人更成熟了，眼界也更开阔了，也许就能做出决定了。

陈文和妈妈 4-4-2

陈文妈妈：小文吗？你媳妇在吗？我们老两口儿想跟她聊几句。

陈文：她没在，妈，有什么事您就跟我说吧。

陈文妈妈：就是让你们要孩子的事啊！已经催了多少次了，也不见你们有好消息，所以我们想着必须跟你媳妇聊聊。要孩子是你们俩的大事，你们小两口都得重视起来。你俩马上就三十岁了，今天我出门遇到你小学同学王海明，他儿子都五岁了。你俩再不要孩子，在咱们老家恐怕就要让别人笑话了！

陈文：妈，您就别操心了。我俩都喜欢孩子，早晚会要的。您想啊，我俩都刚工作没几年，事业刚刚起步，总得等物质条件好点儿了再要孩子吧。

陈文妈妈：什么早晚会要？我看现在就已经很晚了。物质条件真有那么重要吗？以前生活那么困难也过来了，你们不也都长得好好的？孩子生下来还怕养不起？再说了，你们现在年轻身体好，生的孩子最健康，这才是对孩子负责。对了，你爸提醒我了，我和你爸现在身体都挺好，还能帮你们带孩子，再过几年就不好说了。

张丽和李岩 4-4-3

张丽：今天去学校接小岩，看到他一个同学的妈妈怀孕好几个月了。小岩围着人家说了半天话，我都不好意思了。

李岩：小岩是大孩子了，他这么做不会是因为好奇。我看还是羡慕同学能有弟弟妹妹。

张丽：是，小岩小时候常说想要弟弟妹妹，没想到现在还是这样。小岩要是有个弟弟妹妹当然好。我也有点儿羡慕那个妈妈，以后她来学校可以左手拉一个大的，右手抱一个小的，太幸福了！

李岩：独生子女的确容易觉得孤独，要不也给小岩来个弟弟或者妹妹，咱们也做更幸福的家庭？

张丽：你说得容易！一个孩子，我们已经很辛苦了，我爸妈还得经常来帮忙。再说即使我们不怕辛苦，你觉得咱家的条件真能养好两个孩子吗？你看，这是小岩英语班、足球班的学费。

李岩：不要这么悲观啊，咱俩的收入肯定会越来越高的，社会给予多子女家庭的福利和支持肯定也会越来越多，现在还有家庭已经生第三个孩子了。

张丽：我看你是太乐观了。再生个孩子，我恐怕又得最少半年不能工作，事业肯定受影响，以后收入还可能更少！再说了，为什么你们男的就可以专心发展事业，我们女的总得生孩子照顾孩子？

李岩：李太太不要生气！我知道你们辛苦。你看，在咱家我什么都听你的啊！李太太，我们还年轻，以后再考虑二宝、三宝的事吧！

第5课　宠物大家谈　🔊 5-4

居民 🔊 5-4-1

我们邻居家养了一只博美。只要是看到窗外有不认识的人，它就会叫。别看它个头小，叫起来特别凶，而且没完没了。好几次早上五点多，我们睡得正香的时候，突然就被它的叫声吵醒了。我跟邻居说过好几次了，让他们管管自家的狗，可是没有用，狗还是叫。我觉得这应该算扰民了吧，我想知道这种情况可不可以报警啊。

环卫工人 🔊 5-4-2

有些人遛狗就是不讲文明。你看这地上的狗粪，狗主人自己不清理，给我们环卫工人增加了很多麻烦。最讨厌的是，有人晚上出来遛狗也不清理狗粪，经常有人看不清就踩上去了。另外很多遛狗的人不拴狗绳，让狗随便跑，前两天我们一个同事扫地的时候就被狗咬了。你说我们这份工作容易吗！原来要躲汽车，现在还得躲狗……

志愿者 🔊 5-4-3

从五年前这个流浪动物救助站成立起，我就在这儿当志愿者了。这个救助站现在一共收养了350多只狗，100多只猫，大部分是被人遗弃的，而且遗弃的数量每年都在增加。我想借这个机会对那些想养宠物的人说一句：如果你现在没有能力，或者没有做好陪伴它到最后的准备，请不要养宠物。千万不要一时冲动，它不是你的玩具。希望所有人都能意识到养宠物也是一种责任。

公司白领 🔊 5-4-4

上个月我和老公去国外旅行了十天。旅行之前我们一直在商量怎么安排我们家的猫。以前有个朋友也是出去旅行十几天，把猫独自留在家里。他们在家里摆了十几个猫食盆，每个盆里盛满了猫粮，再摆十几个水盆，十几个猫砂盆。等到旅行结束，他们回家一看，这只猫的生活没出问题，但精神上已经特别不好了，"眼神都抑郁了"，所以我们坚决不会这么做。我们先想的是把猫寄养在宠物店。我们去看了宠物店，价格不是问题，但看到被送去的小猫只能关在笼子里，有的被吓得一动不动，我们就心疼得不行，赶紧把猫抱了回来。想来想去，我们最后把猫寄养到了公司的一个同事家。她家也有一只猫，没想到我们把猫送去的当晚，两只猫就打起来了。这次寄养，我们家猫不开心，同事也不开心。以后我们再也不敢把猫送出去寄养了，可是我们以后还想出去旅行，这像亲人一样的猫该怎么办呢？

第6课　健康最重要　🔊 6-4

高科技公司青年职员 🔊 6-4-1

我在一家科技公司工作，加班、熬夜都已经成为习惯了。吃饭常常没有规律，一整天都对着电脑工作，忙起来的时候连口水都顾不上喝，中午只休息一个小时。时间长了，身体真是吃不消。这都是因为我现在买了房子，为了还每个月的房贷，我不得不晚睡早起，拼命干活，总想趁着年轻多赚些钱。

中年教师 🔊 6-4-2

我们这个职业说话多，活动少，平时除了上课，大部分时间都是在办公室坐着，缺乏锻炼。我们这些教毕业班的老师更是有着巨大的升学压力，学生的分数对我们来说太重要了，来自社会和家长的压力让我们的神经总是高度紧张。大多数老师都有一些职业病，比如咽炎、颈椎病等。另外我还有来自自己孩子的压力，现代社会，孩子们面临的竞争很激烈，我孩子成绩的好坏直接影响着我的情绪。

研究生 🔊 6-4-3

临近毕业，我感到压力越来越大，现在我得一边写毕业论文一边找工作。我的室友跟我一样，天天开夜车，白天复习准备考博士，晚上还要继续写论文，简直都要废寝忘食了！这种紧张的生活导致我们平常吃东西也不太注意健康，经常点外卖，有时候随便吃点儿零食、水果就代替正餐了，可以说我们现在的生活一点儿规律也没有。上次体检，我们的身体状况都不太好，真得注意了。

第 7 课 今天你晒了没有？ 🔊 7-4

警察 🔊 7-4-1

这些年，人们因为上网晒生活，暴露了个人信息而带来损失的情况太多了。有些学生会晒出自己的录取通知书，有些老人会晒出旅游的飞机票，有些刚开始工作的年轻人，直接上网把自己第一份工资单公开展示给所有人。有的人完全不知道隐藏信息，连身份证号码都完整地晒出来了。有的人会给重要信息打个码，以为这样就安全了。在这里，我要提醒大家，在网上，只要你晒出一条信息，这条信息就不再是你自己的，而是大家的了。不要觉得自己已经给重要信息打码就安全了，网上有太多人电脑玩得比你好，你打的码很可能没用！

中学生 🔊 7-4-2

我今年刚上中学。以前我很少注意爸妈上网干什么，直到有一天发现他们俩，特别是我妈，在网上发过很多我的照片，从出生到现在，应有尽有。很多照片非常不好看，我一点儿也不喜欢。真不明白他们怎么会晒到网上去，还晒得那么频繁。我告诉他们，已经发出去的都得删除，以后我的照片得经过我同意才能晒，他们却觉得我在开玩笑。我还告诉他们这样很危险，我妈却笑着说怎么会有危险，除了亲戚朋友，没人对我的照片有兴趣。对了，他们还晒了我的学习和生活情况。我学习成绩还不错，一直在学钢琴。他们不仅爱和亲戚朋友提这些，还总在朋友圈秀我的考试成绩单、钢琴考级证书。我越来越觉得，这些也都是我的隐私，不该晒出去。

心理医生 🔊 7-4-3

这几年，越来越多的人来找我们心理医生求助。他们常常对我说：看朋友晒出的美好的生活、幸福的家庭、成功的事业，看多了就觉得自己没有别人过得好，不太幸福。其实，几千年来，每个人在和别人交往的时候，都会希望让别人看到自己光鲜的一面，不暴露差的一面。现在，有了手机和网络就更是这样。每个人在网上都像站在一个舞台上，忍不住要把好的自己"表演"给观众，希望得到更多的肯定和赞赏。不能说这些"表演"都是假的，但是我们不要忘了，那些让人羡慕嫉妒的美好的背后，可能隐藏着更多不那么美好和光鲜的真实生活。

第 8 课　闲话说"瘾"　8-4

咨询者 1　8-4-1

您好！我感觉我儿子有"网瘾"，我们出门旅游，没有条件上网，他就显得特别烦躁，就像缺了点儿什么似的。旅游看风景、外出吃大餐，他都没什么兴趣。他现在除了去网吧，很少出门，在家只要一离开电脑，就无精打采的，一副睡不醒的样子。您说这是不是病啊？

专家：

看来您孩子的"网瘾"是比较严重了。网络是现在人们社交的必需品，但是如果对它上瘾而产生依赖，就很可怕。您说的这只是孩子的中期症状，如果继续下去，他还会变得没有食欲、头晕眼花，甚至影响正常的生活和学习，所以必须赶快戒"瘾"。

咨询者 2　8-4-2

我的工作压力比较大，长期以来都用咖啡提神。现在我发现我已经习惯了早上起来先喝一杯咖啡，如果不喝，就没有精神，下午和晚上也都需要来一杯，这已经成了一种习惯。时间长了，我发现我有时候会心跳加速。您说我需要戒吗？

专家：

咖啡是可以提神的，它可以缓解疲劳，让人兴奋。但是长期喝的话，就可能会上瘾，而且可能影响您的睡眠，增加心脏的负担。所以建议您减量，或者停一段时间。需要的时候再喝，否则就不喝。

咨询者 3　8-4-3

我的母亲特别喜欢运动，每天一大早和晚饭后都跟着她的伙伴们去散步。他们总是会走很久，有时候能走到离家很远的公园，回来后就特别开心。有时候遇到刮风下雨，没法儿散步了，她就说没意思，在家里待着无聊。您说她是不是有点儿不对劲？运动也会上瘾吗？

专家：

老人运动说明她的精神和体力都很好，运动的过程中和大家边走边聊天儿，不但锻炼了身体，而且能使心情愉快，这比在家看电视好。需要注意的是，老人运动要适可而止，如果走得太多，会伤害膝盖。这种"运动瘾"没有太大的危害，只需要适当控制，不过量就可以了。

第 9 课　共享的生活　9-4

起步篇　9-4-1

2014 年，北京大学的 5 名学生一起做了一个叫"ofo 共享计划"的项目。为什么叫 ofo 呢？"因为这 3 个字母放在一起，就像一辆自行车"。他们做这个项目是想解决大家使用自行车时遇到的问题。北大的校园很大，学生们需要骑自行车，但是买了自行车又怕丢，每到毕业的时候还会产生大量的二手自行车，卖不出去的直接就被遗弃了。ofo 的创立者们想学习国外的"优步"，就是"Uber"，让闲置物品得到最大化利用，就以每辆 100 块的价格回收北大师生的自行车，安装共享锁后再租给学生。2015 年，北大有了 2000 辆共享单车。这些车可以通过网络平台随时随地租用，"只要 1 毛钱，就可以骑一天"，受到北大师生的热烈欢迎。

发展篇 9-4-2

在北大获得成功以后，ofo 开始进入更多的学校。因为发展的需要，他们让自行车工厂生产了专门的 ofo 自行车。ofo 在校园发展的同时，另一个共享单车的品牌"摩拜单车"在城市中迅速发展起来。摩拜单车希望解决城市最后一公里的出行难题，意思是人民出行时，从家到地铁站，距离不远，但是走路有点儿慢，坐公共汽车不方便，打车要十几块钱，而共享单车随处都有，只要 1 块钱，几分钟就到了。共享单车价格便宜，使用方便，还很环保，非常受人们欢迎，政府也很支持。2016 年 4 月，摩拜单车首先出现在上海，9 月进入北京。同年 11 月 ofo 也加入了城市市场。共享单车市场迅速发展，到 2016 年底，北京、上海这样的大城市里，很快就出现了很多不同品牌、五颜六色的共享单车。

问题篇 9-4-3

中国各地几乎同时出现了数十家共享单车企业，五颜六色的共享单车带来了一系列问题。

首先，共享单车的数量不断增加，但是没有足够的人员来维修和管理，城市中也没有足够的、专门的停放区，共享单车乱停乱放问题严重。

第二，很短时间内，共享单车的数量就超过了用户的需要，再加上维修、管理存在问题，很多城市开始限制投放共享单车。

第三，市场不好，投资人选择退出，企业很快就倒闭了。不再使用的共享单车变成了"共享垃圾"，很多城市出现了共享单车的"垃圾山"。

第四，当时很多共享单车需要先交押金，由于公司出现了问题，很多用户遇到了退押金难的问题。比如 ofo，排队退押金的用户最多的时候超过了 1000 万人。

改进篇 9-4-5

虽然共享单车的疯狂发展有很多问题，但是共享单车本身还是给人们的出行带来了很多便利。今天，中国越来越多的城市有了共享单车，但不再是五颜六色。政府和企业在不断完善对共享单车的管理，很多地铁站附近有了专门的停放区。根据人们用车的规律，共享单车企业每天在不同地点之间来回运送车辆，这样既解决了乱停乱放问题，也让人们想用车时随时都能找到车。

第10课　人工智能改变生活　🔊 10-4

受访者1 🔊 10-4-1

　　人工智能的好处确实很多，它可以代替我们做很多简单、枯燥、重复性的工作，让我们省出很多时间和精力做其他事情。人工智能机器人的使用，不仅可以节省人力、提高效率，而且也缓解了人的压力。就拿我来说吧，以前我总抱怨家务多，时间不够用，后来听了朋友的建议，买了智能洗碗机和扫地、擦地机器人。它们既让家里变得干净舒适，又帮我节省了很多时间，对我来说真是事半功倍。自从有了这几个"帮手"后，我的生活变得更有效率了。另外，最近我看到一则有意思的机器人招揽顾客的报道，说春节期间，很多饭店的服务员都回家过年，有一家火锅店的老板购买了机器人服务员，吸引了很多顾客，生意比平时更好了。我觉得随着人工智能的快速发展，它将取代人类做很多工作，我们的生活也将发生巨大的变化。

受访者2 🔊 10-4-2

　　我对人工智能产品很感兴趣，平时也喜欢读这方面的书籍。人工智能的好处有很多，它可以帮助我们完成许多想做而做不到的事情，甚至是危险的工作，比如对太空世界和海底世界的探索。科学家们通过两辆火星车发回的信息，发现火星上曾经存在过大量的水。这些信息使人类离在火星生活的梦想更近了一步，对未来人类的发展具有重要意义。再说说我国"海星6000"机器人，它完成了对水下6000米世界的探索，包括海底航行观察与生物调查等，为人类探索深海世界带来了前所未有的突破。

受访者3 🔊 10-4-3

　　我觉得人工智能仍然存在很多问题。众所周知，人工智能机器人的程序再复杂，也代替不了人脑。首先，因为机器人没有人的情感，对事物的认识、理解、学习和掌握的程度永远也赶不上人脑。其次，人工智能胜任不了所有的工作，比如说照顾老人和孩子、护理病人、心理咨询等，这些工作都需要人类情感的参与，人工智能即使再聪明，也不能应对人类情感问题，更不能应对一些突然发生的情况。人工智能产品在使用过程中，不容易解决伦理问题，比如，无人驾驶汽车在送病人去医院路上出现交通事故，谁来承担社会责任？此外，如果人类过多地依赖人工智能，享受人工智能为我们带来的便利，那么时间长了，我们自身的想象力和创造力都会下降，不利于人类的发展。

第11课　卡主还是卡奴？　🔊 11-4

第1段话 🔊 11-4-1

　　信用卡的特点是"先消费，后还款"。如果消费以后还不了款，欠银行的钱越来越多，就会变成卡奴。还不了款的原因各种各样，有的人消费很冲动，每天买买买，花钱时大手大脚，很潇洒，却不算一算自己已经花了多少钱，这个月的收入够不够还款；有的人好面子，喜欢名牌，明明知道自己买不起也要买，想通过刷信用卡得到本来无法得到的东西；有的人消费的时候是有还款能力的，但是后来出现了问题，还不了款了，比如说买房子的时候有工作，后来没有工作了。

第 2 段话 🔊 11-4-2

　　大家都知道使用信用卡取现、分期付款等会有利息或者手续费。但是利息和手续费怎么计算，很多人可能都不太清楚。就拿分期付款来说吧，假如你要还 1200 元，选择分期付款，分 12 期还，并不是说每个月就只需要还 100 元，你还需要支付总钱数 0.6% 的手续费。每个月实际需要支付的钱是 107.2 元。可能你会觉得 7.2% 的年利率不算太高啊，但是你想过吗？你并不是一直欠银行 1200 元，到最后一个月，实际上只欠银行 100 元，但银行仍然按照 1200 元收取手续费。所以，真正的年利率并不是 7.2%，有人计算过，大概要超过 15%。

第 3 段话 🔊 11-4-3

　　再说说信用卡取现，它是既有手续费也有利息。手续费是 1%，最少 10 元，就是说，如果你取现 1000 元，手续费是 10 元；取现 100 元，手续费也是 10 元。利息是从你取现那天就开始计算，每天 0.05%，注意是每一天，如果按照年利率计算大概要超过 18%。因此，不要以为有了取现、分期付款这些功能，就可以随便透支。世界上没有免费的午餐。银行不会白白借钱给你。如果不了解信用卡知识，不能理性使用这些功能，就有可能变成给银行打工的卡奴。

第 12 课　夜经济、夜生活 🔊 12-4

主持人 🔊 12-4-1

　　欢迎大家收听今天的《城市发展》节目。今天我们将和两位专家一起谈谈城市的夜间经济。
　　夜经济最早由英国在 20 世纪 70 年代提出。经过半个世纪的发展，现在的夜经济，包括当日下午 6 点到次日凌晨 6 点发生的服务业类经济活动，涉及餐饮、娱乐、购物和文化休闲等多种项目。发达的夜经济，反映着一个城市的活力，也反映着一个城市的发展水平和繁荣程度。中国有许多大中城市，经济发达、人口密度高、治安状况良好，市民们希望拥有更丰富的夜生活，政府也积极发展晚间和夜间的餐饮、娱乐、文化活动，以刺激消费、增加就业机会、促进经济发展。下面就请两位专家为我们介绍他们的看法。

专家 1 🔊 12-4-2

　　城市不同，特点不同，发展夜经济也应该有所差别。人口规模较小的城镇，首先要满足人们晚间外出就餐、购物的需求，而深夜到凌晨人们的需求较少，就不适合发展太多娱乐活动，以免影响人们第二天的工作和生活；北上广深这样的一线城市或其他省会城市，在夜经济的发展上已经具有一定的基础，夜间经济活动可以进行到深夜，甚至通宵。同时，在这些大城市，由于市民和外来游客有更高的、更多样的需求，所以除了餐饮和购物外，更需要鼓励发展多种多样的文化娱乐活动，例如电影院、剧院开放夜场等。

专家 2 12-4-3

各城市在发展夜经济时，还有一些问题需要注意。首先，要完善公共交通等配套设施和服务，只有出行和回家都方便，人们才更愿意在夜间出来消费。世界上很多大城市的地铁都可以 24 小时运营，而我们在这一点上还做不到。其次，要改变加班文化，大家能够准时下班，才有时间和兴趣外出消费，才能有夜经济的繁荣和发展。第三，也要注意平衡夜间经济发展和市民日常生活之间的关系，比如夜间营业的美食街、购物街可能带来灯光污染和噪声污染，影响市民的生活，这就需要我们制定规则，做好平衡。

附录二

词语总表

词语	页码
A	
爱心	59
暗示	41
B	
白族	15
保持	3
保管	103
报时	129
暴露	87
北上广深	165
背	3
遍布	159
别扭	29
柏林	159
不顾	8
不愧	129
补贴	47
不良	78
不由自主	103
不知不觉	103
C	
餐饮	159
操作	103
差别	165
拆东墙，补西墙	143
场合	34

词语	页码
车祸	129
成本	47
成家	29
成熟	34
承担	129
吃得消	73
冲动	64
冲突	34
出气筒	3
出手相助	8
出行	115
刺激	3, 15
催	41
D	
达人	115
打码	94
大理	15
大手大脚	143
贷款	73
单	29
倒闭	121
定制	21
懂事	59
动不动	3
动摇	103
独乐乐不如众乐乐	87

词语	页码
兑换	149
E	
额度	149
恩爱	87
二手	115
F	
发呆	59
烦躁	108
繁华	165
繁荣	165
反复	103
反感	87
反馈	94
仿真	134
废寝忘食	73
分担	8
分期	149
分享	59
粪	64
粪便	64
福利	47
负	87
G	
干眼症	78
尴尬	29
港口	165
公元前	15
功利	29
共享	115
够朋友	8
孤苦伶仃	41

词语	页码
顾不上	73
雇	159
关注	165
光鲜	87
规律	59
规模	15
H	
海底	134
好了伤疤忘了疼	73
好客	15
黑眼圈	73
忽视	73
胡思乱想	59
护理	129
画廊	15
怀孕	41
还款	143
环卫工人	64
缓解	108
火星	134
J	
积分	149
激情	29
及早	41
嫉妒	87
记账	143
寄托	64
寄养	64
监督	103
减压	15
建造	15

附录二 词语总表

词语	页码
交易	115
节省	129
节制	149
结交	29
洁癖	59
戒	103
尽量	143
经典	21
颈椎	78
救助	64
就业	165
局部	94
具体	103
剧场	159
距离产生美	3
君子之交淡如水	3
K	
开阔	15
开朗	34
开明	41
开夜车	73
枯燥	134
宽容	34
L	
来电	29
劳逸结合	73
乐意	87
类似	94
理念	115
理性	143
丽江	15

词语	页码
利率	149
利息	143
连锁	159
量入为出	143
凌晨	159
零食	59
流浪	64
遛	59
泸沽湖	15
伦理	129
络绎不绝	159
率	47
M	
猫砂	59
没完没了	64
门当户对	29
密度	165
免息期	149
面子	149
妙招儿	115
民宿	115
N	
男大当婚，女大当嫁	29
闹	3
内向	34
能量	87
P	
赔钱	8
配套	159
拼车	115
拼命	73

词语	页码
频繁	94
品尝	15
平台	115
Q	
欺负	134
欠	143
强迫	21
亲密	3
亲密无间	3
秦始皇兵马俑	15
清理	59
清醒	143
曲艺	159
取景地	15
取现	143
缺乏	78
R	
扰民	64
人工智能	129
人品	34
人士	87
忍	87
认可	29
如诗如画	15
S	
晒	87
删除	94
伤	3
伤害	29
上瘾	103
奢侈品	87

词语	页码
设计	15
神经	78
神秘	15
慎重	41
升学	78
生育	41
省会	165
省心	21
胜任	129
识别	129
时机	41
实施	103
世界文化遗产	15
世界自然遗产	15
事半功倍	134
视力	103
事业	41
适可而止	108
收养	64
手术	129
手续费	143
鼠标	78
刷卡	143
拴	64
爽	143
税	47
睡眠	108
顺路	115
顺其自然	41
私人	21
酸痛	78

词语	页码
随心所欲	3
T	
太空	134
太阳从西边出来了	73
谈婚论嫁	29
探索	134
探险	15
特色	15
提神	73
体检	78
体验	15
天安门	159
通宵	159
通知书	94
同乡	8
头晕眼花	108
投入	41
投资	121
透支	143
突破	134
推动	129
推荐	21
退出	121
W	
娃	87
完善	121
维修	121
喂食	59
无病呻吟	87
无话不说	8
无精打采	103

词语	页码
无限	41
五颜六色	121
舞台	94
物品	115
物质	41
X	
吸取	73
媳妇	41
戏曲	159
峡谷	15
下单	115
闲置	115
嫌	59
相处	3
相当	29
消费	143
潇洒	143
效率	129
心里痒痒	103
心跳加速	108
欣赏	15
欣欣向荣	159
凶	64
秀	87
需求	143
炫耀	3
血压	59
循序渐进	103
Y	
押金	121
咽炎	78

词语	页码
研发	129
眼界	15
养育	41
夜市	159
夜宵	159
依赖	108
一见钟情	29
一去不回头	8
遗产	15
遗弃	64
以旧换新	115
一清二楚	34
一应俱全	159
抑郁	59
抑郁症	59
意识	64
毅力	103
隐藏	94
瘾	103
营业	159
应对	134
应付	29
应用程序	115
硬着头皮	29
优惠	143
优越	41
优越感	87
友谊的小船说翻就翻	3
有福同享,有难同当	8
有利有弊	29
幼稚	34

词语	页码
运送	121
Z	
在家靠父母,出门靠朋友	8
赞赏	87
赞同	115
噪声	165
责任心	59
增长	15
债务	149
展示	87
张家界	15
长辈	41
镇	134
证书	94
政策	47
症状	108
知根知底	29
指纹	129
志愿者	64
治安	165
治疗	59
制造	29
智能	129
主义	115
嘱咐	73
住宿	21
住宅	87
状况	73
咨询	129
自古以来	47
自私	3

词语	页码
走马观花	21
租金	115

词语	页码
做伴	59